新闻与传播
核心教材系列

U0956743

媒介伦理导论
基础、议题与前沿

Introduction to Media Ethics
Foundations, Issues and Frontiers

龙 耘 李唯梁 等 / 著

中国传媒大学出版社
·北 京·

目 录

上编 媒介伦理基础

中编　媒介伦理议题

下编　媒介伦理前沿

上编　媒介伦理基础

第一章　伦理学基础

在当今信息社会,媒介的社会影响力无远弗届,由媒介实践引发的道德争议也层出不穷。例如,“记者在报道新闻(尤其是灾难新闻)时,应该做积极的事件干预者,还是仅仅满足于客观记录者的身份”,“媒体在面对保守国家机密与满足公众知情权之间的冲突时该如何选择”,“传媒机构怎样在社会效益和经济效益之间取得平衡”,等等。当媒介实施某一传播行为时,怎样做才算得上“恰当的”“合适的”?当面对不同意见的争论时,如何判断和抉择才是“合理的”“负责任的”?这些涉及价值判断的问题,都是道德哲学或伦理学试图回答的。

第一节　伦理学的含义

“伦理”一词包括“伦”和“理”两个字。“伦”从汉字造字法来看,由“人”和“仑”构成。“仑”的繁体字写作“侖”,在古文字中属会意字,由上半部分的“亼”(音 jí,同“集”,表示聚集、汇合的意思)和下半部分的“冊”(“册”的异体字,表示编串好的竹简)组成,合起来表示“简牍聚集成册,必须要按照条理、依照顺序”。因此,可以说“仑”字的本义就是“条理”“次序”。[①]“人”和“仑”并举,顾名思义,指人与人之间形成的某种条理或秩序关系。刘师培在《攘书·罪纲篇》中也说:“盖伦也者,必合两人而后见者也。无人则伦不见,只一人则伦亦不见,人与人接,伦理以生。”[②]孟子指出:“人之有道也,饱食、暖衣、逸居而无教,则近于禽兽。圣人有忧之,使契为司徒,教以人伦——父子有亲,君臣有义,夫妇有别,长幼有

① 《古代汉语字典》编委会.古代汉语字典(彩色版)[M].北京:商务印书馆国际有限公司,2005:505.

② 刘师培.刘师培辛亥前文选[M].上海:中西书局,2012:32.

序，朋友有信。”[1]这句话阐述了儒家认为非常重要的五种人际关系规范，即传统的“五伦”。

“理”字的本义是“顺着玉的纹理剖分它，或把它从石头中分割出来，即治玉”[2]。后来，随着该字内涵的进一步普遍化和抽象化，其逐渐具备了一般意义上的“治理”“整理”含义，以及抽象层面的“道理”“规律”“原理”含义。由此观之，“伦理”根据字面意思，就是指人伦之理，不妨比照物质之理为“物理”、法律之理为“法理”、音乐之理为“乐理”来理解它。

“伦理”二字连用的情况在古汉语中并不常见，现代汉语中“伦理”连用且成为一个专有名词实际上是西方学术和文化输入的结果。据考证，首先是日本学者在翻译英文“ethics”时由于找不到相应的词来表述，便创造了日文“倫理”，将“ethics”译成“倫理学”。清末民初，我国学者严复在翻译赫胥黎的《进化论与伦理学》（严译《天演论》）一书时，借用了日语的“倫理学”来翻译“ethics”，从此，“伦理”一词便在现代汉语中流传了下来。

那么，英语中的“ethics”，其含义又是什么呢？其实，西方各主要语言中的“伦理”一词，如英语 ethics、德语 ethik、法语 ethique，均来自拉丁语 ethica，而拉丁语 ethica 又由古希腊语 ēthikē 演变而来。根据亚里士多德的说法，ēthikē 的词源是 ethos（习惯），因此，ēthikē 的原意是指“某种风俗和习惯”。到了古罗马时期，西塞罗采用了同样具有“风俗”“习惯”意思的 moralis 一词来翻译古希腊语的 ēthikē，将关于 ēthikē 的学问称作 philosophia moralis。[3] 由于 moralis（英语 morality）在汉语中一般翻译为“道德”，因此用道德来定义、描述伦理成为一种通行的做法。同样，研究伦理的学科——伦理学——也被视为研究人类道德现象的一门学科。

经过上述词源学的追溯，我们可以尝试给伦理学下一个定义：伦理学是哲学的一个分支，它是道德哲学，即研究人类道德现象的学科，包括善恶价值取向及评价标准、道德原则与规范等，致力于寻找道德现象的本质及规律。

第二节　伦理与道德的关系

从上文对伦理概念的分析可以看出，伦理与道德的关系十分密切，在我们的日

---

① 杨伯峻.孟子译注［M］.北京：中华书局，2005：125.

② 《古代汉语字典》编委会.古代汉语字典（彩色版）［M］.北京：商务印书馆国际有限公司，2005：465.

③ 焦国成.论伦理：伦理概念与伦理学［J］.江西师范大学学报（哲学社会科学版），2011，44（1）：22-28.

常生活中，有时也将“伦理道德”或“道德伦理”连在一起使用。那么，它们之间的关系是怎样的呢？

英国哲学家伯纳德·威廉姆斯认为伦理的意义比道德更加广泛，道德包含于伦理之中。他从考察伦理和道德的历史演变入手，注意到道德源于宗教戒律（例如基督教的“摩西十诫”），包含了“责任”的含义和某种义务感，而这在古希腊哲学家对伦理的讨论中是不存在的。① 另外，在英语的日常语境中，伦理更多用于社会世界或公共领域中的职业语境（例如，英语中一般会说 business ethics，而不说 business morality）②，而道德更多用于生活世界或私人领域中的非职业语境。

在汉语的使用中，道德和伦理也具有微妙的含义区别。道德“更多地或更有可能用于人，更含主观、主体、个人、个体的意味”，而伦理“更具客观、客体、社会、团体的意味”。③ 前者指向行为主体或个体的外在行为、内心观念和内在品质，后者指向群体生活、人际关系及其本有的条理、规律和应有规则；前者的主观性更强烈些，后者的客观性更强烈些；从涉及的内容上说，前者更适合进行哲学的玄思，而后者则更贴近政治学、法学之类，关注的是治世实务。④ 李泽厚基于对人性“情理结构”的分析，也认为“伦理是外在的制度、风习、秩序、规范、准则，道德是遵循、履行这些制度、习俗、秩序、规范、准则的心理特征和行为”⑤。

综合上述说法，我们可以从四个方面对伦理和道德进行比较：

第一，从指涉对象来看，道德关涉个人的涵养和品质，伦理关涉群体或者说社会内部的秩序构成。

第二，从指涉客体来看，道德诉诸实践状态，伦理诉诸知识状态。

第三，从语词性质来看，道德突出主观性、情感性，伦理突出思辨性、反思性。

第四，从情感色彩来看，道德包含良性、善的一面，伦理则不具备褒义色彩，更为中性。

具体到媒介伦理领域，有学者主张媒介道德和媒介伦理可以做如下区分：“媒体职业道德是媒体从业者和媒体机构自身，遵循体现普遍性的社会公德（工作观）和体现特殊性的专业标准（专业规范），对其职业行为进行的自我约束和自我管理。媒体职业伦理是媒体从业者和媒介机构在媒体职业道德体系中的诸个因素

① 帕尔玛.伦理学导论[M].黄少婷，译.上海：上海社会科学院出版社，2011：5.

② 相较而言，汉语中既有“职业伦理”的说法，也有“职业道德”的说法。

③ 何怀宏.伦理学是什么[M].北京：北京大学出版社，2002：9.

④ 焦国成.论伦理：伦理概念与伦理学[J].江西师范大学学报（哲学社会科学版），2011，44（1）：22-28.

⑤ 李泽厚.回应桑德尔及其他[M].北京：生活·读书·新知三联书店，2014：72.

(道德诫命)发生冲突时的理性抉择原则。”“凡是在媒体职业共同体内有共识而少争议的批评对象,就称之为媒体道德问题……凡是在媒体职业共同体内缺乏共识而多有争议的话题,就称之为媒体伦理议题”①。

第三节　伦理学的分支

根据研究目的和研究宗旨的不同,人们将伦理学分为描述伦理学、规范伦理学和元伦理学三个不同分支。

一、描述伦理学

描述伦理学(descriptive ethics)是一种基于经验观察和实证立场,对某一地域、某一群体、某一社会中人们的道德行为、道德观念等进行描述和再现,由此归纳出一系列结论的伦理学类型。描述伦理学旨在描述事实,而不进行价值判断(甚至尽量隐匿、消解研究者自身的价值观),一般运用田野调查、深度访谈、比较研究等方法。在描述伦理学领域,人类学家、心理学家、社会学家、民族学家的贡献尤其重大。

例如,美国人类学家鲁思·本尼迪克特在著名的《菊与刀》一书中对欧美的“罪感文化”和日本的“耻感文化”进行了区分和比较:“在人类学对各种文化的研究中,区别以耻为基调的文化和以罪为基调的文化是一项重要工作。提倡建立道德的绝对标准并且依靠它发展人的良心,这种社会可以定义为‘罪感文化’。”“真正的耻感文化依靠外部的强制力来做善行。真正的罪感文化则依靠罪恶感在内心的反映来做善行……早期移居美国的清教徒们曾努力把一切道德置于罪恶感的基础之上。所有精神病学者都知道,现代美国人是如何为良心所苦恼……日本人正是把羞耻感纳入道德体系的。不遵守明确规定的各种善行标志,不能平衡各种义务或者不能预见到偶然性的失误,都是耻辱。他们说,知耻为德行之本。对耻辱敏感就会实践善行的一切准则。”②

二、规范伦理学

规范伦理学(normative ethics)把研究的对象指向现实生活,旨在探讨什么是善

① 展江,彭桂兵.媒体道德与伦理:案例教学[M].北京:中国传媒大学出版社,2014:11-12.

② 本尼迪克特.菊与刀[M].吕万和,等译.北京:商务印书馆,1990:154-155.

与恶，怎样的行为算是正当或不正当的，我们评判一个人道德高尚或败坏的标准是什么，并论证道德的价值和合理性，进而提出道德规范，以此指导和约束人们的行为及品德。伦理规范的来源是多元的，它既可以诉诸对某种超验存在的信仰，例如不同宗教中的神灵，也可以诉诸世俗性的权威，例如政治的、经济的或文化的权威；它既可以诉诸过去——长期以来形成的传统习惯，如“祖宗家法”，也可以诉诸未来，例如思想家们构想出来的“乌托邦”。无论诉诸什么，一套具有价值的伦理规范，都应该或至少尽力建立在理性思考的基础之上，“必须基于充足的理由”①。

例如，《圣经》中的“摩西十诫”为基督教世界的伦理规范奠定了基础，并且至今在人们的生活中发挥着重要的规范作用。然而，从伦理学的角度出发，如果仅仅简单地诉诸上帝的权威，或者对天堂幸福与地狱惩罚进行功利考量，从而将伦理规范等同于戒律，那么这种规范伦理学难免浅薄、粗糙。正如伯纳德·威廉姆斯所说：“一种较为深刻的宗教伦理学不会仅仅将宗教元素作为一种外在的约束，而会试图对人性加以分析，从而说明遵守道德规范既是出于道德目的，又是为了实现与上帝的联系。”②规范伦理学通过培养理性精神，能够使人们“从一种颇无理性的内心倾向达到一种较有理性的内在把握，从而得到一种内省的生活和某种自主，成为独立的道德行为者，甚至能对我们的社会准则和价值观提出批评”③。

三、元伦理学

元伦理学（meta-ethics）从字面意思上理解，就是以伦理学自身作为研究对象的研究（meta 在古希腊语中的含义是“位于……之上”）。元伦理学是纯粹分析性的，其目的不在于建立道德理论或给出道德建议，而是以逻辑和分析哲学的方法，分析伦理判断的逻辑，解释伦理术语的含义以及它们相对于其他论述形式的地位。从伦理学史的发展来看，元伦理学的出现深受 20 世纪分析哲学和语言哲学的影响，致力于探讨以下问题：伦理判断是否能够做到客观？能否得到证实或证伪？伦理术语如“善”“恶”“应该”“不应该”是描述性词语还是评价性词语？怎样才能提出伦理判断或怎样证明它们是正当的？甚至它们能够得到证明吗？

英国哲学家 G.E.摩尔提出的“自然主义的谬误”就是元伦理学中一个著名的论断。在摩尔看来，用经验得到的属性来定义“善”，或者从自然事实中推导出伦

① 雷切尔斯 J，雷切尔斯 S.道德的理由[M].杨宗元，译.7 版.北京：中国人民大学出版社，2014：10.

② 帕尔玛.伦理学导论[M].黄少婷，译.上海：上海社会科学院出版社，2011：35.

③ 弗兰克纳.伦理学[M].关键，译.北京：生活·读书·新知三联书店，1987：16.

理判断是站不住脚的。对于经验主义来说,“X 是善的”意味着“X 具有某种属性 P”(对“快乐是善的”这一伦理标准来说,属性 P 即指“快乐”)。摩尔提出了两个用于分析这类论证的问题:(1)X 具有属性 P,但 X 是不是具有属性 P?(2)X 具有属性 P,但 X 是不是善的?对于问题(1)来说,如果经验上已经认定 X 具有属性 P,那么该问题就是毫无意义的。然而对于问题(2)来说,经验上的认定无法确保伦理判断上的一致,我们可以说“助人为乐是快乐的,所以助人为乐是善的”,也可以说“偷窃是快乐的,但偷窃不是善的”。根据摩尔的看法,我们能够追问“快乐是不是一定善的”且这句话并非毫无意义,仅这一点就证明了用自然事实“快乐”论证“善”存在着重大的逻辑缺陷,他称之为“自然主义的谬误”。

长期以来,规范伦理学都是伦理学研究的主流,进入 20 世纪以后,元伦理学得到了极大的发展,甚至有取代规范伦理学成为伦理学研究主流的趋势。然而还是有很多伦理学家坚信,伦理学除了是一种思辨性的学问之外,还应该面向社会,树立起能够为人们接受的行为准则并论证其合理性,换言之,“伦理学的首要任务,就是提供一种规范理论的一般框架,借以回答何为正当或应当做什么的问题”①。

第四节 伦理抉择的模式

在伦理学史上,并不是所有的伦理学家都认为伦理抉择或者道德判断可以通过理性论证、逻辑推理的方式获得。例如,英国哲学家大卫·休谟就认为:“道德的区分不是从理性得来的,而是从道德感得来的。”然而,纵使理性原则无法在终极意义上确定道德的依据,理性方式无法为伦理抉择提供如代数、几何证明般确切的论证,但它至少可以在具体的实践层面发挥确证、指导的作用,帮助我们做出最符合伦理要求的选择,因此,应该承认其在伦理思考中的应有地位。

本节介绍三种具有代表性的伦理抉择模式。

一、实践三段论

由亚里士多德提出的“实践三段论”(Practical Syllogism)是历史上最早出现的,同时也是最基本的道德推理模式,其他的道德推理形式都隐含着“实践三段论”的逻辑结构。

---

① 弗兰克纳.伦理学[M].关键,译.北京:生活·读书·新知三联书店,1987:9.

亚里士多德首先区分了人类的自愿行为和非自愿行为，因为只有在自愿行为中我们才能判定一个人的德性和罪恶。可以说，自愿行为是道德判断的前提，而处于例如受人威胁或无知的情况下做出的非自愿行为，则不构成德性和罪恶的条件。其次，亚里士多德指出，"选择"和"考虑"（也有学者译为"慎思"，即理性思考过程）在自愿行为中起着关键的作用，能选择和考虑的事情都必须是在我们能力范围内的事情，并且选择或考虑的不是目的，而是朝向目的实现的东西："先确定一个目的，然后来考虑用什么手段和方式来达到目的"。最后，现在我们设想身处某种情形下的一个人面临着甲、乙两个选项，那么他在做出选择时必须先设定一个目的，这一目的为他规定了某种行为的准则，当他根据这一行为准则在甲、乙两个选项间做出选择时，便是在考虑哪个选项更有助于实现这一目的。上述思考过程便是慎思的具体形式，它体现为一种实践三段论，"这种三段论的大前提是一个行为准则，其大意是：某一类东西对某一特定等级的人们来说，是适宜的、有益的、令人满意的。小前提是一个以感觉为根据的陈述，即这就是一些那种东西；结论就是行为"①。

我们可以将实践三段论总结如下：

大前提：行为准则

小前提：事实判断

结　论：做出选择

二、波特方格推理模式

波特方格推理模式（The Potter Box Model of Reasoning）由哈佛大学神学院教授拉尔夫·B.波特于20世纪50年代提出，它的特点在于引入了"忠诚归属"，从而为人们分析个人所处的道德困境和在两难中如何做出伦理抉择提供了思路。

波特方格推理模式如图1-1所示，按照"定义（definition）→价值观念/标准（values）→伦理准则（principles）→忠诚归属（loyalties）"这四个阶段的逆时针顺序逐步完成。

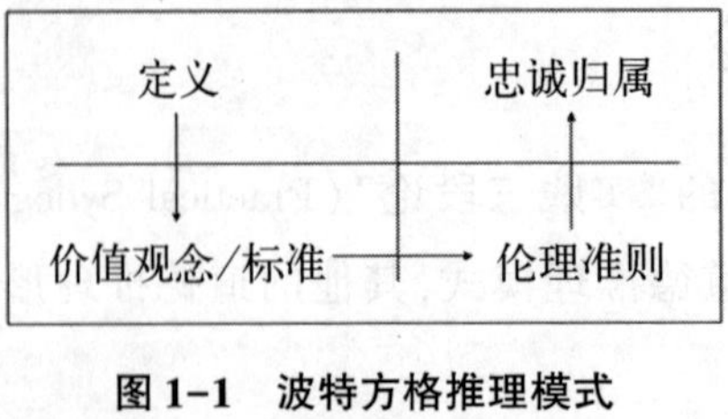

图1-1　波特方格推理模式

① 麦金太尔.伦理学简史[M].龚群，译.北京：商务印书馆，2003：109.

“定义”是指充分掌握有关问题的事实,强调了道德判断不能在事实不明、形势不清的情况下就根据内心偏见或外在舆论压力匆忙做出。特别强调“事实”和“价值”区分的德国社会学家马克斯·韦伯认为:“如果我们在评价理论和事实时不努力坚持智性上的客观性理念,那么任何有效的知识都是不可能的……如果不能保持客观性,那么严肃的理论和智性引导的行动都是不可能的”。[①] 同样,在道德判断中,如果罔顾基本事实而直接诉诸价值标准,容易陷入无止境、非理性的情绪宣泄和本能冲动之中,从而无法形成建设性的道德规范。

“价值观念/标准”是指道德主体做出决定时依据的价值观。所谓价值,最通俗的解释就是一个人认为值得追求的东西。亚里士多德说:“凡是可欲的皆是值得追求的,凡是值得追求的皆是有价值的。”从这个意义上讲,价值观就是一个人认为值得追求的事物和对象。任何社会尽管存在着多元的价值观,但总有一种主流价值观发挥着凝聚社会、塑造认同的作用,如社会主义核心价值观:富强、民主、文明、和谐、自由、平等、公正、法制、爱国、敬业、诚信、友善;再如,赫伯特·甘斯总结的美国新闻界中存在的“恒久价值观”:民族优越感、利他的民主、负责任的资本主义、小城镇的田园主义、个人主义、温和主义、社会秩序以及国家领导权。[②]

“伦理准则”是指道德主体在做出选择时所依据的规范原则。如果说“价值观念/标准”明确了道德判断的目标的话,那么“伦理准则”则为确保实现这一目标提供了规范手段。在中外伦理学史上,不同的思想家从不同的着眼点出发,提出了很多具体的伦理原则,例如利己原则、契约原则、功利原则、义务原则等,我们将在后文对此进行介绍。需要说明的是,价值观念相同,也有可能诉诸不同的伦理准则和规范。“比如说,两个美国人可能都推崇同一价值观——社会平等。然而,一个人可能通过支持‘平权措施计划’来表示这一价值观,而另一个人可能对此反对,将前者视为‘反向歧视’,转而赞同民权法案。”[③]换言之,他们一个依据的是结果平等原则,另一个依据的是程序正义原则。

“忠诚归属”是指在社会中相互竞争、彼此冲突的群体中,道德主体选择的忠诚对象是哪一个。在现代社会中,由于利益分化、认知差异或者价值观念不同,充满了对立冲突的群体。因此,当一个特定的人面临一种特定的道德判断时,无论他怎样宣称顾及全体人类,而实际上他只能照顾一部分人(无论是多数人还是少数

---

① 柯林斯,马科夫斯基.发现社会:西方社会学思想述评[M].李霞,译.北京:商务印书馆,2014:13.

② 甘斯.什么在决定新闻:对 CBS 晚间新闻、NBC 夜间新闻、《新闻周刊》及《时代》周刊的研究[M].石琳,李红涛,译.北京:北京大学出版社,2009:52.

③ 休斯,克雷勒.社会学导论[M].周杨,邱文平,译.上海:上海社会科学院出版社,2011:42-43.

人）的关切，而忽视另一些人的利益。这样，通过引入“忠诚归属”，有利于我们确定正在进行道德判断的当事人是站在哪一群体的立场上。当然，我们应该注意“宣称的忠诚”和“实际的忠诚”的区别，例如，很多组织、部门或公司宣称为公众利益服务，实际上却专注于不负责任地一味追求私利。

三、博克模式

博克模式是由美国哲学家西塞拉·博克提出的一种道德推理形式。如果说波特方格推理模式更适用于分析相互冲突的道德判断的话，那么，博克模式为人们进行道德判断时摆脱固有的“自我中心偏见”、加入更多的公共性（public）考虑提供了有益的启示。

西塞拉·博克秉持一种社会性的道德观念，这种道德观念将伦理道德看作集体的产物，而非个体自由意志的结果，它着眼于社会共识的达成和社会秩序的维系。因此，博克模式建立在这样两个前提的基础之上：其一，我们必须对不得不做出伦理抉择的人心怀同情；其二，维持社会的信任是基本目标。① 在此基础上，博克模式形成了推断道德合理性与正当性的三个层次：

第一层次——诉诸个人的良心。

诉诸个人良心类似于一种内在的思想实验（internal thought-experiment），在这一假想的实验当中，良心扮演着“道德法官”的角色，该角色可能是抽象的道德理念的人格化身（如宗教戒律），也可能是现实中的某个人（如一位严厉的权威人物），他对我们的行为和信念进行道德针砭。这一诉诸良心的思想实验最早可以追溯到18世纪英国哲学家大卫·休谟和经济学家亚当·斯密对“同情心”的主张，他们建议人们在进行道德判断时可以想象出一个虚构的、对我们的行为进行评判的公正的旁观者，我们要在他锐利的目光注视下行事。博克模式的第一层次提醒我们，在做出伦理抉择时既不能凭借一时的情感冲动，也不能利令智昏，从既定的利益、偏好出发，而首先应该冷静下来，思考一下：我这样做考虑过良心的感受吗？有一位无法摆脱的、严厉而公正的旁观者时刻注视着我的行为，他会对我的选择如何评价呢？

然而，仅仅诉诸个人的良心并无法保证道德判断就是正确的，我们见过了太多“好心办坏事”的情况。这是因为，即使一个人诉诸了良心，但也只是由他自己单独完成这场思想实验，没有超出自我范畴，一旦个人认知有误，错误地以恶为善，诉

① 帕特森，威尔金斯.媒介伦理学：问题与案例[M].李青藜，译.北京：中国人民大学出版社，2006：4.

诸良心也就不再有用了。用西塞拉·博克的话说，这位道德法官或旁观者仅仅是一个纯粹想象出来的人，因而不免“一个人既是演员又是观众，既是辩护人又是审判人，即是法律制定者又是奉法公民”，这样，在道德判断中存在偏见的风险依然很高。

第二层次——向朋友、长辈或同事征询意见，寻找先例，求教于那些具备宗教和伦理专业知识的专家。

博克模式的第二层次使伦理抉择开始突破个体的自我视野和空间，加入了其他人特别是初级群体的建议，从而具备了一定的公共性。一个人在面临某种两难选择时，向身边的亲友和专家征求意见，有助于从差异化的角度思考问题，从而使最终的选择更加理智。

然而，仅仅求助于身边的人还不够。心理学研究向我们揭示了群体思维和群体动力的存在：在特定的社会群体内部，人们将有些观念和思维作为惯例来保持，并且人们总是和与自己观念相近的人联系密切，个人也会修改自己的观点以和其他群体内的成员保持一致。事实上，很多关于战争或外交事务的重大决策并不是由最高领导人做出的，都是由集体做出的，但并不能避免出现重大的人道主义灾难。换言之，求助于身边的人仍然无法确保道德判断彻底摆脱偏见的束缚，这就需要进入博克模式的最后一个层次。

第三层次——邀请与某一议题相关的所有当事方都参与协商当中，或者至少确保不应该有任何一方被排除在协商之外。[①]

博克模式的第三层次实际上是要求道德判断的过程应该不带歧视地、不设置任何障碍地让所有利益相关方都参与进来。它的原则既不是独裁状态下的“代行民意”，也不是民主制中常见的“多数原则”，而是突出强调任何一方都不可以被剥夺公共辩护(public justification)的参与权。只有达到了第三层次，才能最大限度地确保摒弃道德判断中的个人偏见和自我中心主义，实现公共参与。

第五节　四种伦理准则

那么，到底该如何判断一种行为合理不合理、具备不具备正当性，或者一个人是不是具有美德、是不是善的呢？也就是，前文提到的人们在进行道德判断和伦理

① BOK S. Lying: moral choice in public and private life[M]. New York: Pantheon, 1978: 99-103.

抉择时依循的准则有哪些呢？本节参考美国伦理学家威廉·弗兰克纳对伦理判断划分的种类，归纳了四种可供参考的伦理准则。①

伦理学，尤其是规范伦理学，主要回答"什么是正当的、善的或负责任的"这类问题，并且要给出理由（即进行合理性论证）。在回答上述问题并进行论证的过程中，会面临大量的规范判断。例如，我们应该遵守协定；智慧、勇敢、节制、正义是四种美德；因为快乐是好的，所以追求快乐是正当的；你应该把球往对方球门里踢……对于这些规范判断，可以进行不同的分类。一方面，我们可以根据规范判断涉及的情境是否具有道德性质，划分出"道德判断"和"非道德判断"（应该指出，这里的"非道德"不是指"不道德的""恶的"，而是指"与道德无关的""道德价值上中性的"）；另一方面，还可以根据规范判断指涉的对象是一种行为（做什么）还是一种事物（是什么），划分出"义务判断"和"价值判断"。这样，就产生了四种规范判断的种类：道德判断+义务判断=道德义务判断（简称"道义判断"）；道德判断+价值判断=道德价值判断（简称"品德判断"）；非道德判断+义务判断=非道德义务判断；非道德判断+价值判断=非道德价值判断。图示如下（图1-2）：

	义务判断	价值判断
道德判断	**道德义务判断（道义判断）**	**道德价值判断（品德判断）**
非道德判断	**非道德义务判断**	**非道德价值判断**

图 1-2　四种规范判断类型

以下对上述划分做一简要分析。

其一，从图示的横向来看（上下对比），既有道德意义上的"善"，也有非道德意义上的"善"，也就是说，人们对"善"这个词的使用是多语义的。比如，民主是个好东西、这把椅子坐起来很舒适、简·奥斯丁的小说是受欢迎的，这些规范判断的对象，民主——一个政治组织形式，椅子——一种家具，简·奥斯丁的小说——一种文学作品，它们可能分别具有社会治理意义上的善、工具使用意义上的善或者审美体验意义上的善，但一般而言，我们不认为它们具有道德意义上的善。再如，你应该把球往对方球门里踢，你不应该把左右两只鞋反过来穿，这种针对行为——踢球和穿鞋——的规范判断，依据的或者是比赛规则，或者是人体生理特征，而非某种

① 弗兰克纳.伦理学[M].关键，译.北京：生活·读书·新知三联书店，1987.

道德准则,我们一般也不会以道德意义上的善或不善来形容它们。然而,当规范判断的对象涉及人的品质或品格,或者人们的某项行为涉及道德领域时,那么这些规范判断便具有了道德含义,我们说一个人的品质善不善、行为正当不正当,便是在进行道德意义上的判断。例如,你不应该偷窃,你应该见义勇为,阿喀琉斯是勇敢的,岳飞是具有民族气节的。这样,我们划分出了道德判断和非道德判断。

其二,从图示的纵向来看(左右对比),既有针对行为的判断,又有针对性质(品性)的判断。弗兰克纳指出:“在我们的一些道德判断中,我们说某一行为或某种行为在道德上是正当的、不正当的、尽义务的,某一责任应该或不应该被履行。而在另一些判断中,我们谈论的不是行为或行为的种类,而是个人、动机、意图和品质特征等等。我们说他(它)们在道德上是善的、恶的、有德的、无德的、尽责的、应受指责的、圣洁的或卑鄙的等等。这两种判断所谈论的事物是不同的,并且对它们的评价也不同。”[①]这一划分基于西方的道德哲学传统,在古希腊时期,依托古希腊人的城邦生活方式形成的伦理学说,认为道德的关键在于形成一种“性格状态”,因此,描述道德的词语着眼于人们的品质。进入现代社会后,人们逐渐从共同体生活状态中脱离出来,开始强调个人、主体、行为等观念,同样在道德领域,描述行为的概念如“责任”“义务”“正当”取代了描述品质的概念“德性”成为现代伦理学的核心概念。

总的来说,道德判断与非道德判断的划分基于判断的“性质”,义务判断和价值判断的划分基于判断的“对象”。同时应该指出的是,这种划分不是那么绝对的。一方面,由于道德的含义或者道德的本质不是那么清晰,因此某一规范判断“是否具有道德性质”也是因人而异、见仁见智的。例如,中国传统政治文化讲究“以德治国”,往往将很多我们现在看来不具有道德性质的行为给道德化了。另一方面,行为和品质的划分也不是绝对的,行为是品质的外在表现,品质是行为的内在积淀,很难想象我们评价某一个为“勇敢”。

根据上述四格图,可以首先将规范伦理学中与道德判断有关的部分划分为“责任/原则伦理学”和“德行伦理学”,前者对应义务判断,后者对应价值判断;其次根据责任/原则的不同诉求和标准划分出目的论和义务论,目的论认为道德判断的原则是行为的结果,该结果往往体现为一种非道德价值,义务论认为道德判断的原则是行为本身的属性;最后根据目的论的指涉对象和范围再划分出伦理利己主义和功利主义,前者的指涉对象和范围只是道德判断主体自身,后者则着眼于社会上的

---

① 弗兰克纳.伦理学[M].关键,译.北京:生活·读书·新知三联书店,1987:18.

大多数人。

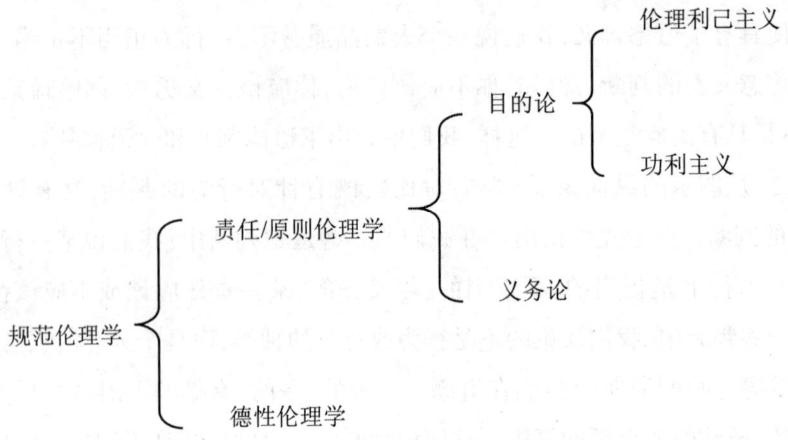

图 1–3 四种常见的伦理原则

一、伦理利己主义

伦理利己主义并不是一种行为类型或品质特征，而是一种理论学说，也就是说一个坚持伦理利己主义的人，本身不一定是自私自利的人，相反，他有可能是一个大公无私的人。摒弃了对利己主义字面上的误解，接下来，我们讨论伦理利己主义的具体主张。

伦理利己主义坚持认为，一个人在进行道德判断时所依据的标准，应该仅仅是对于他本人来说，要尽可能地使善最大限度地超过恶。伦理利己主义认为社会是由原子式的个人组成的，而对原子式的个人的看法，它又秉持一种特定的人性观念——心理利己主义，后者认为个人的欲望和利益是人类行动的唯一动机和目的，社会只是实现个人欲望和利益的活动场所，他人则是实现个人欲望和利益的工具。正如托马斯·霍布斯所说："任何人的欲望的对象就他本人说来，他都称为善，而憎恶或嫌恶的对象则称为恶。"①因此，正在进行道德判断的主体，其"自我"的欲望和利益才是根本标准，才能决定什么是善、什么是恶。对于这一主张，我们很容易举出一个例子进行反驳：一个见义勇为的人，宁可牺牲自己的生命也要解救一个陌生人，难道他这是基于利己主义的考虑？然而，伦理利己主义者会回答道："这个见义勇为的人追求的不是感官上的享乐和满足，而是出于某一责任，但他之所以把责任

① 霍布斯.利维坦[M].黎思复，黎廷弼，译.北京：商务印书馆，1985：37.

看得比生命还重要，仅仅是因为他认为出于责任而见义勇为带来的善超过恶的程度（免于内疚、自责，或者获得荣誉），要大于袖手旁观所带来的善超过恶的程度，从他追求个人的欲望和利益来看，这一行为方式并没有超越利己主义的范围。”

一方面，伦理利己主义在事实层面将人类动机看得过于狭隘了，真正的问题应该在于，是否存在着动机的多元性，或者说，自利是否能成为人类行为的唯一动机。另一方面，在逻辑论证层面，伦理利己主义通过诉诸不同的善恶理论将“利己”的含义无限扩大来避免其他理论的攻击——因为所有的伦理判断最终都要由个人做出，所以所有的伦理准则都可以是某种改头换面的伦理利己主义形式。这种过于宽泛的解释，日益遭到当今主流伦理学家的反对和抛弃。尽管如此，伦理利己主义突出强调伦理判断中的主体性原则，仍然具有其意义，在现代社会中发挥着基础性的指导作用，很多根本性的制度安排，如自由市场、公民权利、产权界定，在某种程度上都是伦理利己主义观念的体现。

二、功利主义

功利主义（utilitarianism），又称效益主义。同样首先应该指出，“功利”一词在这里并不包含功名利禄、急功近利、贪图享受等负面的感情色彩，而只是一种理论主张。

功利主义与伦理利己主义相同的地方在于，它们都认为伦理判断的准则应该是“使善最大限度地超过恶”，它与伦理利己主义不同的地方在于，“使善最大限度地超过恶”不应该只着眼于个人，而应该着眼于社会上的多数成员，正如约翰·斯图亚特·穆勒所说：“功利主义的标准不是指行为者自身的最大幸福，而是指最多数人的最大幸福。”[①]因此，我们也可以将功利主义原则简单地理解为全社会的幸福最大化原则。

功利主义的典型代表是两位英国哲学家：杰里米·边沁和约翰·斯图亚特·穆勒。边沁以快乐来定义幸福和善，并且把快乐分为十二种类型，为了计算这些快乐的大小，他又发明了“快乐计算法”，用强度、持久度、确定性、达成度、衍生力、纯度和广度来计算快乐的大小。这样，社会的最大幸福就是每个人快乐的简单相加，快乐的最大值便是幸福的最大化，也就是理想的道德境界。穆勒对边沁的理论进行了两方面的修正，一是不仅考虑快乐的数量，还加入了快乐的质量；二是认为“未开化的人没有资格评判教化”，从而抛弃了一人一票式的计算方法，带有某种精英

① 穆勒.功利主义[M].叶建新，译.北京：中国社会科学出版社，2009：18.

主义的色彩。

阿玛蒂亚·森将功利主义概括为三个基本条件:(1)“福利主义”(welfarism),要求事物状态的好坏程度仅仅是与这一状态有关的效用的函数;(2)“总和排序”(sum-ranking),要求对有关任何一种状态的效用评价只能通过观察这一状态所包含的效用总和来进行;(3)“结果主义”(consequentialism),要求每一个选择,包括行为、制度、动机和规则等,最终由结果的好坏来决定。① 所谓福利主义,强调了道德的状态——某种幸福、快乐、愉悦的感觉,如果经济发展水平很低或者人们普遍感觉“幸福指数”低,则社会不是一种良好的道德状态。所谓总和排序,强调了道德的范围——幸福、快乐的感觉应包含社会全体成员,如果少数人很幸福,多数人不幸福,则社会也不能是一种良好的道德状态。所谓结果主义,强调了道德的着眼点——以事实结果即社会福利最大化的程度来衡量道德选择的优劣,无论道德动机再好,结果若导致社会总体福利受损,则也不是一种善的道德状态。

功利主义主张正当行为的准则就在于使行为产生的善最大限度地超过恶,乍看这一说法十分合理,比如,我们平常不总是说增加人类福祉、提升幸福感吗?然而细究之后会发现,功利主义也存在不足,突出表现在两点:其一在于它的结果主义,其二在于它无法确保少数人的利益。就前者来说,在功利主义看来,行为本身无所谓善恶与否,关键是行为的结果如何,但我们一般会认为,有时无论结果如何,某些行为如见义勇为、残忍暴虐,就其本身而言就是善的或不善的。就后者来说,迈克尔·桑德尔在《公正》一书中曾举了一个“失控的电车”的例子:一辆刹车失灵的电车冲向五个工人,你身边站着一个身材魁梧的人,将他推下去可以挡住电车,从而拯救那五个人的性命(你考虑过自己跳下去,但体重不足,无法挡住电车)。② 按功利主义的“善最大化”原则,牺牲一个人拯救五个人是正当的。但我们可以将那个身材魁梧的人推下去吗?答案显然是否定的,因为少数人的正当利益同样应予保证。

三、义务论

与前述两种伦理准则将行为“正当”“善”的判断标准置于行为的结果层面进行考量不同,义务论试图从行为本身的特征出发寻找道德的依据,这里以康德的伦理思想为例加以说明。

---

① 森.伦理学与经济学[M].王宇,王文玉,译.北京:商务印书馆,2014:42.

② 桑德尔.公正:该如何做是好?[M].朱慧玲,译.北京:中信出版社,2012:22-25.

康德在《道德形而上学的奠基》一开始就指出，“在世界之内，一般而言甚至在世界之外，除了一个善的意志之外，不可能设想任何东西能够被无限制地视为善的。”[①]这就使判定道德正当与否乃至道德存在与否的标准指向人类主体，指向主体的动机和意图，因而行为的道德价值就不再源自外在于行为的结果，“善的意志并不因它造成或者达成的东西而善，并不因它适宜于达到任何一个预定的目的而善，而是仅仅因意欲而善，也就是说，它就自身而言是善的”[②]。

这里我们要问，人为什么一定要在善的意志的指导下行事呢？《荀子·性恶》不是一开始就说，“人之性恶，其善者伪”吗？作为欧洲启蒙时代的伟大哲学家，康德坚持认为理性是人类本质的一部分，并且将理性划分为不同的类型：有“纯粹理性”（构想独立于经验材料之外的概念的能力），也有“工具理性”（构想我们为了达到某种目的应该采取哪种行动的能力），还有“实践理性”（构想以善之名应该做些什么的能力）。[③] 人类理性的力量能够与自然的本能和欲望相抗衡，人的“理性天性”要求人们循善的意志行事，不这样做就意味着没有按照理性天性的指导来生活，这无异于放弃了人之为人的内在价值和尊严，从而与动物无异。

善的意志与义务的概念密切相关，义务排除了一切“偏好”（甚至是利他的偏好，在康德看来，一个人基于偏好产生的利他动机也不一定是善的），而只是“出自对法则的敬重的一个行为的必然性”[④]，也就是说，义务表现为服从于对所有理性存在者具有普遍约束性的法则。现在我们可以来探讨道德法则的内容是什么了，这一法则被康德称为“定言命令”（categorical imperative，也称“绝对命令”）。定言命令与假言命令（hypothetical imperative）相对应，后者的逻辑表达形式为“假如你想要 X，你就必须做 Y”。在假言命令中，“做 Y”的前提取决于“想要 X”，我们可以通过反驳“想要 X”来否定整个假言命令，但在定言命令中，不存在前提，因而它是不可反驳的。在《道德形而上学的奠基》中，康德提供了五种定言命令的形式：

（1）普遍法准则——要按照你同时能够愿意它成为一个普遍法则的那个准则去行动。

（2）自然法准则——要这样行动，就好像你的行为的准则应当通过你的意志成为普遍的自然法则似的。

（3）人性本身即目的准则——你要如此行动，即无论是你的人格中的人性，还

---

① 康德.道德形而上学的奠基（注释本）[M].李秋零，译注.北京：中国人民大学出版社，2013：8.

② 康德.道德形而上学的奠基（注释本）[M].李秋零，译注.北京：中国人民大学出版社，2013：9.

③ 帕尔玛.伦理学导论[M].黄少婷，译.上海：上海社会科学院出版社，2011：123.

④ 康德.道德形而上学的奠基（注释本）[M].李秋零，译注.北京：中国人民大学出版社，2013：16.

是其他任何一个人的人格中的人性,你在任何时候都同时当作目的,绝不仅仅当作手段来使用。

(4)自主准则——不要以其他方式做选择,除非其选择的准则同时作为普遍的法则被一起包含在同一个意欲中。

(5)目的领域准则——每一个理性生物行事时,按照他的原则,总是把自己当作普遍的目的领域中合法的一员。①

这里以第一种形式——普遍法准则为例说明定言命令如何成为伦理原则。普遍法准则的意思是,某项行为准则只有当所有人都可以遵循时,才能将其普遍化,成为一项定言命令。设想一下,我向某人借了一笔钱,然而到期却不想归还,我的准则可以概括为"如果于己有利,我可以不信守承诺"。现在,我可以将这一准则普遍化为"如果于己有利,人人都可以不信守承诺"吗?这种情况在逻辑上是不可能存在的,因为只有在信守承诺普遍存在、有意义的大背景下,不信守承诺才于己有利,然而在所有人都不信守承诺的世界中,"承诺"就成了无意义的词语,建立在承诺基础上的"于己有利"也就无从谈起了。换言之,当我们把这一准则普遍化时,我们遇到了逻辑上的矛盾。在康德看来,这一原则就不能成为定言命令。

四、德性伦理学

为了说明德性伦理学与责任/原则伦理学的区分,先看一个例子:

你在医院里正处于漫长的康复期。你很烦躁不安,所以当史密斯先生来访时你很高兴。你和他聊天聊得很愉快……你告诉史密斯先生你有多么感谢他的到来……但是史密斯先生说,他只是在尽他的责任。起初你认为他只是谦虚,但你们谈得越多,这一点就越清楚,他说的是实话。他不是因为想你,或者喜欢你而来看你,只是因为他认为应该"做正确的事"。他认为来探望你是他的责任——也许因为你是他认识的人中境况最差的。

这个例子是迈克尔·斯托克提出来的。斯托克指出,知道史密斯的动机后,你肯定会非常失望,现在他的到访似乎是冷酷而算计的。你认为他是你的朋友,但是现在你知道了别的东西。斯托克说,关于史密斯的行为,"这里肯定是缺少点什么——缺少道德的良好品性和价值"②。

---

① 帕尔玛.伦理学导论[M].黄少婷,译.上海:上海社会科学院出版社,2011:131;康德.道德形而上学的奠基(注释本)[M].李秋零,译注.北京:中国人民大学出版社,2013:40-63.

② 雷切尔斯 J,雷切尔斯 S.道德的理由[M].杨宗元,译.7 版.北京:中国人民大学出版社,2014:166.

在《尼各马可伦理学》一开篇,亚里士多德就明确提出“善作为目的”:“每种技艺与研究,同样地,人的每种实践与选择,都以某种善为目的……由于活动、技艺和科学有许多,它们的目的也就有多种。医术的目的是健康,造船的目的是船舶,战术的目的是取胜,理财术的目的是财富。”[①]我们看到,在亚里士多德的语境中,“善”不单纯是我们现代意义上的道德述词,而是泛指一种属性和良好功能的发挥(如锋利的刀就是“善”的)。该如何理解亚里士多德“善作为目的”这一命题呢?应该说,这反映了他的目的论形而上学。亚里士多德在本体论上是多元主义者,认为“实在”由多种不同的单个实体构成,万事万物都在向着各自的本质(事物的“是其所是”)来完成自我的实现。如果说一切事物都有所指向的话,那么人类实践指向什么呢?亚里士多德的回答是“幸福”。为了达到人类的自我实现——幸福,需要人们发挥自己的功能(“人之善”),这种人的功能体现为“德性”:“人的善就是灵魂的合德性的实现活动,如果有不止一种的德性,就是合乎那种最好、最完善的德性的实现活动。”[②]也就是说,德性是一种品质,能保证人们发挥自己的功能,实现“人之为人的善”,即幸福,“德性伦理学”的说法就源于此。

亚里士多德将德性分为两类:理智德性和道德德性,前者通过教导养成,后者通过习惯养成。道德德性最重要的是与“黄金中道”(golden mean of moderation)相符合。“中道”是两种极端性格状态的中间之物,一种极端是“不及”,另一种极端是“过度”,例如遇到危险时,不及的表现是懦弱,过度的表现是蛮干,都不是良好的德性表现,真正适度的表现应该是勇敢。

能够区分出行为的不及、过度与中道的是“逻各斯”,或者叫理性、理智,这就要涉及理智德性了。理智德性又分为两种:实践的理智和沉思的理智。实践的理智涉及为自己的决定和行为做充分估计的能力,“追求逻各斯所肯定的事物”,所以它与道德德性有关。而沉思的理智“同实践与制作没有关系。它的状态的好坏只在于它所获得的东西是真是假”[③]。在亚里士多德看来,只有沉思的理智才是最合德性的活动。“合于努斯(亚里士多德用来指灵魂的理智部分获得真或确定性的五种方式之中的最高的方式——引者注)的生活对于人是最好、最愉悦的,因为努斯最属于人。所以说,这种生活也是最幸福的。”[④]我们用图 1-4 来表示亚里士

---

① 亚里士多德.尼各马可伦理学[M].廖申白,译注.北京:商务印书馆,2003:3-4.

② 亚里士多德.尼各马可伦理学[M].廖申白,译注.北京:商务印书馆,2003:20.

③ 亚里士多德.尼各马可伦理学[M].廖申白,译注.北京:商务印书馆,2003:168.

④ 亚里士多德.尼各马可伦理学[M].廖申白,译注.北京:商务印书馆,2003:308.

多德的伦理思想：①

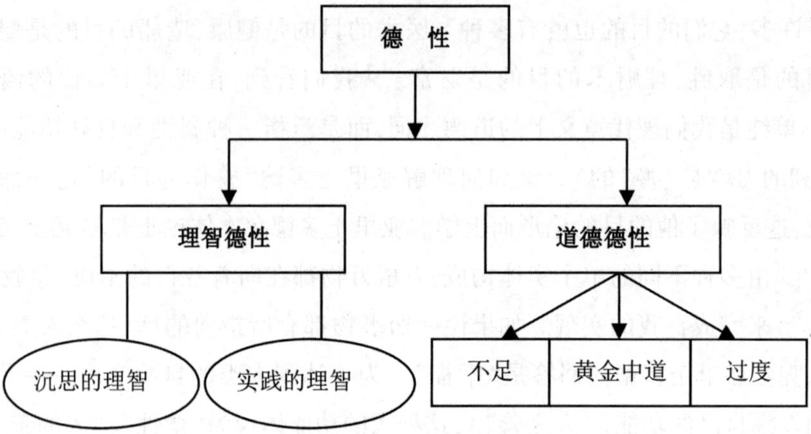

图 1-4 亚里士多德的德性伦理学图示

思考题

1.什么是伦理？试着举出一些与伦理相关的现象。

2.如何认识伦理与道德的关系？

3.什么是“自然主义的谬误”？

4.简述“波特方格推理模式”和“博克模式”的主要内容。

5.比较功利主义和义务论两种伦理原则。

① 帕尔玛.伦理学导论[M].黄少婷，译.上海：上海社会科学院出版社，2011：241.个别表述根据《尼各马可伦理学》英译文有所修改。

第二章　媒介伦理

第一节　媒介伦理的基本概念

一、媒介伦理的定义

媒介伦理是传播伦理的一种特定形式和类型,它是指在媒介机构和专业实践语境中对伦理和道德现象展开的探讨。在聚焦媒介伦理的特征之前,不妨先来看看更广泛、更普遍的传播伦理的内涵。

传播伦理是传播学和伦理学两个学科交叉形成的分支学科或研究领域,它关注的是一种特定活动——人类传播活动——中出现的伦理和道德现象,试图回答如“怎样的传播行为是正确的/错误的、正当的/不当的、负责任的/不负责的、尽义务的/未尽义务的”“我们做出上述判断的标准和原则是什么”“有道德的传播行为是怎样的,它包括哪些具体要求”等问题。因此,传播伦理一方面要求其研究对象与人类的传播活动相关,另一方面又要求这些传播活动涉及必要的道德价值和伦理含义。可以说,“传播”限定了考察的范围和对象,“伦理”限定了考察的内涵和性质,二者共同构成传播伦理的必要条件。

美国学者理查德·L. 约翰内森认为伦理问题是内在于人类传播行为的,无论传播者是否愿意或是否意识到了,传播对象都在运用特定的价值标准对他的传播行为进行着正式或非正式的评判。然而,并非所有传播行为都可以用伦理标准和道德尺度来评价,只有当该行为:(1)对他人造成了显著的影响;(2)包含对于目的和手段的有意识选择;(3)能用对错标准来判断时,才牵涉到伦理问题。如果某一传播行为未对他人产生明显的物质性或象征性影响，如果该行为不属于有意识的自由选择，而是被迫去说或去做，那么该传播行为就不牵涉伦理和道德问题了。①

从适用的范围来看，伦理和道德义务可以分为两个层次或两种类型，一种是普遍义务（general obligations），另一种是特殊义务（particularistic obligations）。前者指对社会成员普遍适用的义务规范，后者指仅对特定群体或职业适用的义务规范。比较而言，如果说传播伦理是一种普遍义务的话，那么媒介伦理则是一种特殊义务，它适用于社会中一部分特定的群体和机构。

具体而言，媒介伦理的规范和约束对象包括三类围绕媒介活动形成的职业群体和一种准人格化的社会机构。这三类职业群体分别是：记者、编辑、主持人等媒体从业者，媒介组织的经营者和管理者，媒介法律和政策的制定者；一种准人格化的社会机构是媒介机构/组织。

二、媒介伦理的特征

媒介伦理的出现，从历史上看，与现代社会中大众传播的发展、媒介机构的大量涌现以及信息传播成为一种专门的社会职业密不可分。由此，根据大众传播和媒介化传播的特点，形成了媒介伦理区别于一般传播伦理的专属特征。

第一，媒介伦理是一种职业伦理。法国社会学家涂尔干指出："有多少种不同的职业，就有多少种道德形式。从理论上说，每个人都只能履行一种职业，于是这些不同的道德形式便完全适合个人所组成的不同群体。"②从这个意义上说，正如法律伦理适用于司法工作群体、医学伦理适用于医护工作群体、公关广告伦理适用于公关广告工作者一样，媒介伦理同样只适用于职业性的媒体从业人员。作为一种特殊伦理形式，媒介伦理一方面并不要求所有社会成员必须遵守，另一方面也可能与一般的社会道德相冲突，从而使道德主体有时面临着更加棘手的道德困境。

第二，媒介伦理具有突出的机构性。这是因为，媒介组织是一种机构化的安排，特别是随着20世纪公司和管理资本主义（corporate and managerial capitalism）的兴起，媒体从业者日益被整合进分工严密、结构繁复、规模庞大的跨国跨媒体机构中，成为隶属于某特定机构的一员。这一方面使媒介伦理因机构不同而呈现出鲜明的差异性，另一方面也使整个机构越来越具有人格化的特征，拓展了媒介伦理

① JOHANNESEN R L. Chapter 6：Communication ethics：centrality，trends，and controversies[J]. Communication yearbook，2001，25(1)：201-235.

② 涂尔干.职业伦理与公民道德[M].渠敬东，译.北京：商务印书馆，2015：5.

的适用对象。

第三,媒介伦理的外部性明显。媒介在现代社会中扮演着重要的公共角色,发挥着不可替代的社会功能,例如监控社会环境、促进公共讨论、实施舆论监督、提供媒介文化、推动民主建设,因此有关其行为正误与否、品质善恶与否、履职尽责与否的伦理表现所产生的后果十分紧要,往往容易成为社会上的热点议题。媒介表现的外部效应和溢出效应,对媒介伦理研究提出了现实必要性和紧迫性。

三、研究媒介伦理的价值和意义

作为一个新兴的研究领域,传播和媒介研究在建构自身的知识体系时并没有忽略价值判断和伦理道德问题,以下两种对学科知识进行系统化、条理化和整合化的努力就说明了这一点。

斯坦利·巴兰和丹尼斯·戴维斯在《大众传播理论》一书中根据各种大众传播理论所蕴含的不同目标、本体论、认识论和价值论诉求将它们划分为四种类型:后实证主义理论、阐释学理论、批判理论和规范媒体理论。其中,规范媒体理论“对媒体系统应当如何运作以遵守或者实现一套理想化的社会价值观进行了解释”,其目标是“建立一种理想化的标准,用来判断某特定媒体系统的运作情况”。[①] 不难看出,这里所指的传播规范理论和媒介伦理有着内在的一致性,它是整个传播理论体系不可或缺的一部分。

埃姆·格里芬在《初识传播学》一书中为传播学绘制学科地图时引用了罗伯特·克雷格的经典类型学划分(包含七大传统:社会心理学、控制论、修辞学、符号学、社会文化学、批判学派、现象学),并别有新意地补充了一种传统:伦理传统(the ethical tradition)。他将这一传统定义为:将传播视为有道德感的人用公正(just)、有益(beneficial)的方式进行互动沟通。[②] 尽管书中并未出现关于媒介伦理的实质理论,但作者借助不同的伦理思想对 13 种传播理论进行了伦理层面的反思,为我们提供了传播研究伦理传统的示范性演示。

尽管上述两种建构学科知识体系的路径彼此不同,但都为媒介伦理保留了应有的位置,足以证明伦理问题在媒介研究中的重要性。正如传播学者迪恩·巴恩隆德所说,任何令人满意的媒介理论都必须包含对道德标准的细致说明,从而“保障和推进最健康的传播行为”。

---

① 巴兰,戴维斯.大众传播理论:基础、争鸣与未来[M].曹书乐,译.5 版.北京:清华大学出版社,2014:15.

② 格里芬.初识传播学[M].展江,译.北京:北京联合出版公司,2016:56.

弗农·延森在《传播过程中的伦理议题》一书中概括了媒介伦理研究的11个目标：第一，人们需要寻求增强和深化对伦理标准来源的掌控，以扩充做出决策和传播时可运用的指导资源。第二，人们必须培养起伦理敏感，以帮助我们发现和理解需要做出伦理判断的议题和问题。第三，在人们面对伦理困境时，需要形成一套伦理指导原则。第四，伦理和推理（reasoning）之间的紧密关系需要得到进一步强化。第五，为了超越推理和传播的技巧，人们必须培养遵循高伦理标准进行传播活动的意愿（will）。第六，人们需要注意他们在伦理学探讨中所使用的隐喻性语言。第七，人们需要更好地洞察自身，以便更清晰地理解他们的价值，有意愿并有能力进行自我检测，巩固伦理承诺。第八，人们必须学会鉴别、容忍和理解他人的不同观点。第九，人们必须能够且乐于积极主动地采取措施，以减少低伦理标准的传播行为发生的可能性。第十，人们必须既赞扬符合高伦理标准的传播行为，又揭露不符合伦理标准的传播行为。第十一，通过审视人类传播所有领域中的伦理维度，人们可以感受到言语传播领域的统一性，并丰富作为修辞学家、受众和批评家的生活。①

路易斯·阿尔文·戴根据黑斯廷斯中心（Hastings Center）的一项研究，也提出了媒介伦理教育和学习的五个目标，它们包括：第一，激发道德想象；第二，识别伦理问题；第三，形成分析技巧；第四，培养道德义务感和个体责任感；第五，宽容异见。②

第二节　媒介伦理的起源和发展

人类对媒介伦理的关注和探讨由来已久。早在古希腊时期，柏拉图就在《高尔吉亚篇》中探讨了修辞术作为一种劝服技艺的伦理问题。同样，我国古代典籍中也有大量关于“言”的要求的记载，反映了我们的祖先对言说这一传播行为的伦理观念和道德要求。例如，《春秋·谷梁传·僖公二十二年》：“言之所以为言者，信也；言而不信，何以为言？”《论语》：“与朋友交，言而有信”“信近于义，言可复也”“言必信，行必果”，等等。本章分别梳理国外和国内对媒介伦理的研究脉络。

---

① JENSEN J V. Ethical issues in the communication process[M]. Mahwah, NJ: Lawrence Erlbaum Associates, 1997.

② DAY L A. Ethics in media communications: cases and controversies[M]. 2th ed. Belmont, CA: Wadsworth, 1997.

一、国外的相关研究

约翰·费雷将美国媒介伦理的发展历史划分为四个阶段：进步时代（progressive era，19 世纪 90 年代到 20 世纪初）、专业主义时代（professionalism，20 世纪 20 年代）、社会责任时代（social responsibility，1947 年到 20 世纪 60 年代）、全球人道主义时代（global humanitarianism，20 世纪 80 年代开始）。①

19 世纪末既是美国传媒业"野蛮生长"的时期，也是各种道德问题层出不穷的时期，"黄色新闻"（yellow journalism）的出现就是对此的生动注脚。煽情主义（sensationalism）和不诚实（dishonesty）被认为是彼时媒体最失职的两大问题，"美西战争"报道更是将其推波助澜到极致。针对愈演愈烈的媒体失范表现，媒介伦理开始以"新闻批评"和"媒介批评"的形式出现。1889 年，天主教作家威廉·塞缪尔·利莱（William Samuel Lilly）发表了《新闻的伦理》（*The Ethics of Journalism*）一文，他指责记者"将真相置于最末的地位"，而他们本来应该"陈述并讨论事实、谴责虐待、倡导改革"。

进入 20 世纪 20 年代，随着专业主义理念的提出，媒介伦理正式奠基。芭比·泽利泽指出，伦理准则的形成"同新闻专业性与现代性精神的核心相一致"。② 实际上，专业主义是为了呼应公众需要、挽回媒介信任、重建职业声誉的一整套制度化实践及合法性宣称，而媒介伦理规范的提出是专业主义建构过程中十分重要的组成部分。

据考证，最早的新闻伦理守则由威利斯·米勒于 1910 年提出，并被堪萨斯编辑协会（Kansas Editorial Association）采纳。随后不久，美国著名新闻人、密苏里大学新闻学院创办者沃尔特·威廉姆斯于 1914 年提出了更加有名也更有影响力的《报人守则》（*Journalist's Creed*）。《报人守则》共包含八条准则，自面世后已经被翻译成 100 多种语言在全世界流传。进入 20 世纪 20 年代，媒介伦理一方面得到了全行业的承认和接受，另一方面得到了学术界的关注。1923 年，美国报纸编辑协会（American Society of Newspapers Editors，2009 年更名为"美国新闻编辑协会" American Society of News Editors）提出了一套《伦理规约》，或称《新闻事业准则》（*Code of Ethics or Canons of Journalism*），包含了责任、新闻自由、独立、真诚真实和

---

① FERRÉ J P. A short history of media ethics in the United States[M]//WILKINS L, CHRISTIANS C G. The routledge handbook of mass media ethics. 2th ed. Vanderbilt Avenue, New York: Taylor & Francis, 2020.

② 泽利泽.想象未来的新闻业[M].赵如涵，译.北京：中国人民大学出版社，2022：88-89.

准确、不偏不倚、平等对待、庄重等七项原则。这套准则提出不久后就被引入欧洲等国家，直到今天仍然发挥着指导作用。此外，成立于 1909 年的美国历史最悠久的新闻工作者组织——职业新闻工作者协会（Society of Professional Journalists）在 1926 年也借用了这套准则，到 1973 年，该组织推出了自己的《职业新闻工作者协会伦理规约》（*Society of Professional Jouralists Code of Ethics*），并经 1984 年、1987 年、1996 年和 2014 年四次修订。

20 世纪二三十年代美国出现了多部与新闻伦理有关的著作，例如，纳尔逊·克劳福德的《新闻伦理》（*The Ethics of Journalism*，1924）、托马斯·莱希的《办报的道德》（*The Morals of Newspaper Making*，1924）、利昂·弗林特的《报纸的良知》（*The Conscience of the Newspaper*，1925）、威廉·吉本斯的《报纸伦理：对新闻记者良善实践的讨论》（*Newspaper Ethics：A Discussion of Good Practice for Journalists*，1926）、保罗·道格拉斯的《报纸和责任》（*The Newspaper and Responsibility*，1929）、阿尔伯特·亨宁的《新闻伦理与实践》（*Ethics and Practices in Journalism*，1932）。这些著作都明确强调了新闻伦理的重要地位。①

1947 年，由哈钦斯委员会发布的报告《一个自由而负责的新闻界》（*A Free and Responsible Press*）对媒介伦理研究而言是一座里程碑。这份报告提出了媒体的“社会责任论”，反映了媒体既想摆脱政府干涉的愿望，又重视对公共利益和公共服务的承诺，前者力图保障媒体的权利和自由，后者力图规避逐利和垄断行为导致的道德失范问题。社会责任论提倡媒体行业的自律和第三方的监管，并形成了一系列制度保障，如新闻委员会、听证会、监察员和新闻评论期刊等。

20 世纪 80 年代，媒介伦理、传播正义、话语平等问题日益成为世界性议题。1980 年，联合国教科文组织发布了报告《多种声音，一个世界》（*Many Voices，One World*），呼吁建立“世界信息与传播新秩序”（New World Information and Communication Order，简称 NWICO）。与全球化相伴随的是媒介伦理研究的组织化。1983 年，时任言语传播学会（Speech Communication Association，于 1997 年更名为全国传播学会，简称 NCA）副主席的肯尼斯·安德森将当年学会年会的主题确定为“传播伦理和价值观”（communication ethics and values），标志着媒介伦理研究开始突破个体研究者层面，逐渐在全美范围内展开。1984 年，媒介伦理研究的建制化有了重大突破，明尼苏达大学西尔哈媒介伦理与法律研究中心（Silha Center for the Study of Media Ethics and Law）成立；同年，以詹姆斯·杰克萨为主席、弗农·延森

① CHRISTIANS C. Fifty years of scholarship in media ethics[J]. Journal of communication，1977，27(4)：19-29.

为秘书长的 SCA 传播伦理委员会成立。1985 年,《大众媒体伦理期刊》(*Journal of Mass Media Ethics*)创刊发行。1990 年,杰克萨和迈克尔·普理查德召集了全国传播伦理大会,还帮助创建了持续至今的 NCA 传播伦理分会。

进入 20 世纪 90 年代,关于媒介伦理和新闻伦理的教材及学术专著更是大量涌现。其中一些著作聚焦于个案分析,也简略地讨论了伦理理论。例如,《媒介伦理:案例与道德推理》(Christians, Fackler, Richardson, 1998)、《媒介伦理学:问题与案例》(Philip Patterson and Lee Wilkins, 1998)、《媒介传播伦理》(Louis Alvin Day, 1997)、《新闻中的伦理判断:案例研究手册》(Black, Steele, and Barney, 1995)、《电子媒介伦理》(Val Limburg, 1994)。还有一些著作将焦点放在一系列媒体和新闻的具体伦理议题上,例如,《媒介伦理中的争论》(Gordon and Kittross, 1999)对每一个议题都精心呈现了赞同和反对两方面的意见。①

二、我国的相关研究

中国作为具有悠久"德治"传统和丰富道德思想资源的国家,近代的新闻传播事业自诞生以来一直都很关注伦理和道德问题,并出现过大量相关论述,例如,王韬主张"立论一秉公平,居心务期诚正",梁启超提倡"以国家利益为鹄"和"不畏强御之精神",但真正对媒介伦理进行系统化的学理思考并正式纳入研究领域仍然是改革开放之后的事。

1984 年出版的《新闻学简明词典》(余家宏等编)和 1993 年出版的《新闻学大辞典》(甘惜分主编)收录了"新闻伦理学"词条。1995 年,中国新闻学院教授周鸿书出版了《新闻伦理学论纲》一书,是我国内地第一部新闻传播道德和伦理方面的论著。随后不久,"新闻法规与新闻职业道德"被纳入新闻传播学本科教育的课程体系,一些教材也先后问世,如《新闻法规与新闻职业道德》(黄瑚,1998 年)、《新闻伦理学简明教程》(蓝鸿文,2001 年)。进入 21 世纪后,随着一些国外论著的翻译引进,"新闻伦理""媒介伦理""传播伦理""数字伦理""智能伦理"等概念得到广泛讨论,研究者开始突破传统范畴,向着更为前沿的伦理研究领域拓展。2016 年 11 月 19 日,中国新闻史学会媒介法规与伦理研究委员会成立。

---

① CHRISTIANS C G. Review essay: current trends in media ethics[J]. European journal of communication, 1995, 10(4):545-558.

第三节　媒介伦理的来源和层次

一、媒介伦理的来源

丹尼斯·麦奎尔曾将媒介“规范性”义务的来源归纳为七个方面,它们分别是:

第一,社会政治理论,指形塑媒介机构角色的社会—历史环境;

第二,新闻专业理论和实践,指新闻界广泛认可的、嵌入传统习俗以及专业要求和愿望的对民族社会和国际社会的公共生活的关注;

第三,作为公民的大众,指以舆论形式表达出来的普通公众对媒介的要求;

第四,作为受众的大众,指以某一媒介机构的受众身份表达出来的对媒介的要求;

第五,媒介市场,指与媒介存在市场联系的受众或客户(如广告商)对媒介行为产生的影响;

第六,国家及其机构,指政府通过行政权力干预媒介实践的做法;

第七,社会中的利益团体,指社会上各种经济的、文化的、社会生活上的压力集团对媒介行为的期望和监管。①

二、媒介伦理的层次

根据媒介伦理的涵盖范围,可以将其划分为以下六个层次:

第一个层次是国际性的宪章或宣言,例如《世界人权宣言》第十九条规定:人人有权享有主张和发表意见的自由;此项权利包括持有主张而不受干涉的自由;通过任何媒介和不论国界寻求、接受和传递消息和思想的自由。还有一些专门针对媒介行为制定的规范,如《联合国国际新闻道德信条(草案)》《记者行为原则宣言》。

第二个层次是国家法律法规中以法规形式体现的伦理规范。例如,《中华人民共和国宪法》第三十八条规定:中华人民共和国公民的人格尊严不受侵犯。禁止用任何方法对公民进行侮辱、诽谤和诬告陷害。《中华人民共和国未成年人保护法》

① 麦奎尔.麦奎尔大众传播理论[M].崔保国,李琨,译.北京:清华大学出版社,2010:132-133.

第五十八条规定：对未成年人犯罪案件，新闻报道、影视节目、公开出版物、网络等不得披露该未成年人的姓名、住所、照片、图像以及可能推断出该未成年人的资料。

第三个层次是全行业性的媒介道德准则或自律公约。例如，《中国新闻工作者职业道德准则》《中国出版工作者职业道德准则》《新闻出版广播影视人员职业道德自律公约》《中国广告行业自律规则》《中国公共关系职业道德准则》《中国互联网行业自律公约》《互联网新闻信息服务自律公约》等。

第四个层次是地方性的媒介道德准则或自律公约。例如，《四川省新闻自律公约》《浙江媒体新闻道德自律公约》《青海省保护个人信息自律公约》《海南新闻媒体自律公约》《苏州市新闻工作者自律公约》《郴州市新媒体自律公约》等。

第五个层次是媒介机构内部的伦理规范。例如，《新华社关于采编人员遵守新闻职业道德的若干规定》《中央电视台新闻工作者职业道德规范》《美联社新闻准则和道德规范》《美联社工作人员社交媒体使用守则》。

第六个层次是媒体从业者个人信奉的伦理原则和价值观。

第四节　代表性的媒介伦理规范

一、《中国新闻工作者职业道德准则》

2019年11月7日新修订的《中国新闻工作者职业道德准则》共7条31款，内容如下：

中国新闻事业是中国共产党领导的中国特色社会主义事业的重要组成部分。新闻工作者坚持以马克思列宁主义、毛泽东思想、邓小平理论、“三个代表”重要思想、科学发展观、习近平新时代中国特色社会主义思想为指导，增强“四个意识”，坚定“四个自信”，做到“两个维护”，牢记党的新闻舆论工作职责使命，继承和发扬党的新闻舆论工作优良传统，坚持正确政治方向、舆论导向、新闻志向、工作取向，不断增强脚力、眼力、脑力、笔力，积极传播社会主义核心价值观，自觉遵守国家法律法规，恪守新闻职业道德，自觉承担社会责任，做政治坚定、引领时代、业务精湛、作风优良、党和人民信赖的新闻工作者。

第一条　全心全意为人民服务。忠于党、忠于祖国、忠于人民，把体现党的主张与反映人民心声统一起来，把坚持正确舆论导向与通达社情民意统一起来，把坚持正面宣传为主与正确开展舆论监督统一起来，发挥党和政府联系人民群众的桥梁纽带作用。

(1)坚持用习近平新时代中国特色社会主义思想武装头脑，深入学习宣传贯彻党的路线方针政策，积极宣传中央重大决策部署，及时传播国内外各领域的信息，满足人民群众日益增长的新闻信息需求，保证人民群众的知情权、参与权、表达权、监督权；

(2)坚持以人民为中心的工作导向，把人民群众作为报道主体、服务对象，多宣传基层群众的先进典型，多挖掘群众身边的具体事例，多反映平凡人物的工作生活，多运用群众的生动语言，丰富人民精神世界，增强人民精神力量，满足人民精神需求，使新闻报道为人民群众喜闻乐见；

(3)保持人民情怀，积极反映人民群众的正确意见和呼声，及时回应人民群众的关切和期待，批评侵害人民利益的现象和行为，畅通人民群众表达意见的渠道，依法维护人民群众的正当权益。

第二条　坚持正确舆论导向。坚持团结稳定鼓劲、正面宣传为主，弘扬主旋律、传播正能量，不断巩固和壮大积极健康向上的主流思想舆论。

(1)以经济建设为中心，服从服务于党和国家工作大局，贯彻新发展理念，为促进经济社会持续健康发展注入强大正能量；

(2)宣传科学理论、传播先进文化、滋养美好心灵、弘扬社会正气，增强社会责任感，严守道德伦理底线，坚决抵制低俗、庸俗、媚俗的内容；

(3)加强和改进舆论监督，着眼解决问题、推动工作，激浊扬清、针砭时弊，发表批评性报道要事实准确、分析客观，坚持科学监督、准确监督、依法监督、建设性监督；

(4)采访报道突发事件坚持导向正确、及时准确、公开透明，全面客观报道事件动态及处置进程，推动事件的妥善处理，维护社会稳定和人心安定。

第三条　坚持新闻真实性原则。把真实作为新闻的生命，努力到一线、到现场采访核实，坚持深入调查研究，报道做到真实、准确、全面、客观。

(1)通过合法途径和方式获取新闻素材，认真核实新闻信息来源，确保新闻要素及情节准确；

(2)根据事实来描述事实,不夸大、不缩小、不歪曲事实,不摆布采访报道对象,禁止虚构或制造新闻,刊播新闻报道要署记者的真名;

(3)摘转其他媒体的报道要把好事实关导向关,不刊播违背科学精神、伦理道德、生活常识的内容;

(4)刊播了失实报道要勇于承担责任,及时更正致歉,消除不良影响;

(5)坚持网上网下"一个标准、一把尺子、一条底线",统一导向要求、管理要求。

第四条　发扬优良作风。树立正确的世界观、人生观、价值观,加强品德修养,提高综合素质,抵制不良风气,保持一身正气,接受社会监督。

(1)强化学习意识,养成学习习惯,不断增强政治素质,提高业务水平,掌握融合技能,努力成为全媒型、专家型新闻工作者;

(2)坚持走基层、转作风、改文风,练就过硬脚力、眼力、脑力、笔力,拜人民为师,向人民学习,深入了解社情民意,增进与群众的感情;

(3)坚决反对和抵制各种有偿新闻和有偿不闻行为,不利用职业之便谋取不正当利益,不利用新闻报道发泄私愤,不以任何名义索取、接受采访报道对象或利害关系人的财物或其他利益,不向采访报道对象提出工作以外的要求;

(4)严格执行新闻报道与经营活动"两分开"的规定,不以新闻报道形式做任何广告性质的宣传,编辑记者不得从事创收等经营性活动。

第五条　坚持改进创新。遵循新闻传播规律和新兴媒体发展规律,创新理念、内容、体裁、形式、方法、手段、业态等,做到体现时代性、把握规律性、富于创造性。

(1)适应分众化、差异化传播趋势,深入研究不同传播对象的接受习惯和信息需求,主动设置议题,善于因势利导,不断提高传播力、引导力、影响力、公信力;

(2)强化互联网思维,顺应全媒体发展要求,积极探索网络信息生产和传播的特点规律,深刻把握传统媒体和新兴媒体融合发展的趋势,善于运用网络新技术新应用,不断提高网上正面宣传和网络舆论引导水平;

(3)保持思维的敏锐性和开放度,认识新事物、把握新规律,敢于打破思维定式和路径依赖,认真研究传播艺术,采用受众听得懂、易接受的方式,增强新闻报道的亲和力、吸引力、感染力,采写更多有思想、有温度、有品质的精品佳作。

第六条 遵守法律纪律。增强法治观念,遵守宪法和法律法规,遵守党的新闻工作纪律,维护国家利益和安全,保守国家秘密。

(1)严格遵守和正确宣传国家各项政治制度和政策,切实维护国家政治安全、文化安全和社会稳定;

(2)维护采访报道对象的合法权益,尊重采访报道对象的正当要求,不揭个人隐私,不诽谤他人;

(3)保障妇女、儿童、老年人和残疾人的合法权益,注意保护其身心健康;

(4)维护司法尊严,依法做好案件报道,不干预依法进行的司法审判活动,在法庭判决前不做定性、定罪的报道和评论,不渲染凶杀、暴力、色情等;

(5)涉外报道要遵守我国涉外法律、对外政策和我国加入的国际条约;

(6)尊重和保护新闻媒体作品版权,反对抄袭、剽窃,抵制严重歪曲文章原意、断章取义等不当摘转行为;

(7)严格遵守新闻采访规范,除确有必要的特殊拍摄采访外,新闻采访要出示合法有效的新闻记者证。

第七条 对外展示良好形象。努力培养世界眼光和国际视野,讲好中国故事,传播好中国声音,积极搭建中国与世界交流沟通的桥梁,展现真实、立体、全面的中国。

(1)在国际交往中维护祖国尊严和国家利益,维护中国新闻工作者的形象;

(2)生动诠释中国道路、中国理论、中国制度、中国文化,着重讲好中国的故事、中国共产党的故事、中国特色社会主义的故事、中国人民的故事,让世界更好地读懂中国;

(3)积极传播中华民族的优秀文化,增进世界各国人民对中华文化的了解;

(4)尊重各国主权、民族传统、宗教信仰和文化多样性,报道各国经济社会发展变化和优秀民族文化;

(5)加强与各国媒体和国际(区域)新闻组织的交流合作,增进了解、加深友谊,为推动人类命运共同体建设多做工作。

二、《国际新闻伦理规约》

国际新闻工作者联合会(International Federation of Journalists,简称 IFJ)是由来自 100 多个国家的超过 45 万名记者组成的非政府组织。IFJ 于 1954 年制订、1986 年修订了本组织的原则宣言,即《国际新闻伦理规约》(IFJ Declaration of Principles on the Conduct of Journalists)。①

(1)尊重真相和公众了解真相的权利是记者的首要职责。

(2)为履行这项职责,记者应始终捍卫诚实采集和发布新闻的自由原则,以及公正评论和批评的权利。

(3)记者只能根据他/她知道来源的事实进行报道。记者不得隐瞒重要信息或伪造文件。

(4)记者只能使用公平的方法获取新闻、照片和文件。

(5)记者应尽最大努力纠正任何不准确的有害信息。

(6)记者对秘密获得的信息来源应遵守保密原则。

(7)记者应意识到媒体助长歧视的危险,并应尽最大努力避免助长这种基于种族、性别、性取向、语言、宗教、政治或其他观点以及民族或社会出身的歧视。

(8)记者应将以下行为视为严重的职业违法行为:剽窃;恶意虚假陈述;中伤、诽谤、诋毁、无端指责;接受任何形式的贿赂以发表或不予发表信息。

(9)名副其实的新闻工作者应以忠实遵守上述原则为己任。在每个国家的一般法律范围内履行职责,并排除政府或其他人的各种干涉。

三、美国全国传播学会的《传播伦理信条》

美国全国传播学会(National Communication Association,简称 NCA)立法委员会于 1999 年通过了美国全国传播学会的《传播伦理信条》(Credo for Ethical Communication)。其内容为:

① International Federation of Journalists. IFJ Declaration of Principles on the Conduct of Journalists [EB/OL]. [2023-02-20].https://www.ifj.org/media-centre/news/detail/category/europe/article/status-of-journalists-and-journalism-ethics-ifj-principles.html.

无论何时，人们只要传播，对与错的问题就会出现。无论在语境、文化、渠道和媒体内部还是之间，合乎伦理的传播对于负责地思考、做决策和形成联系及社区都是至关重要的。此外，通过促进真实、公平、责任、正直、自重和尊重他人，合乎伦理的传播升华了人类的价值和尊严。我们相信，不合乎伦理的传播会威胁传播的质量，并终将危害个人及社会的幸福。因此，作为 NCA 的成员，我们认可并致力于践行如下合乎伦理的传播原则：

第一，我们倡导将真实、准确、诚实、理性视作正直的传播所不可缺少的组成部分。

第二，我们认同表达自由、观点多元、宽容异见，以此形成对公民社会而言至关重要的既知情且负责的决策。

第三，在评价及回应信息之前，我们力求理解和尊重其他传播者。

第四，我们推动传播资源和机会的获取，以此作为达到人类潜能和贡献于家庭、社区和社会幸福的必需之物。

第五，我们推动关心和相互理解的传播氛围，从而尊重个体传播者独一无二的需求和个性。

第六，我们谴责那种通过歪曲、恫吓、强迫、暴力以及不宽容和仇恨表达的方式来贬低个体和人性的传播。

第七，我们致力于在追求公平和正义的过程中对个人信念的无畏表达。

第八，我们提倡在面临重大抉择时分享信息、意见和感受，但同时也尊重隐私和秘密。

第九，对因自己的传播而造成的短期和长期后果，我们坦率承担责任，并期待他人同样如此。①

四、在线新闻协会的《社交新闻采集伦理守则》

在线新闻协会(Online News Association，简称 ONA)提出的《社交新闻采集伦

① National Communication Association. Credo for Ethical Communication[EB/OL].[2023-02-20].https://www.natcom.org/sites/default/files/Public_Statement_Credo_for_Ethical_Communication_2017.pdf.

理守》(*Social Newsgathering Ethics Code*)则是一份旨在获取全球各规模新闻机构支持的文件,以认可一套有关收集和使用由公众成员创建内容的标准及做法。该守则包含十条:

(1)在发布用户生成内容之前,努力验证其真实性,遵循与通过其他方式获取的新闻内容一致或相同的标准。

(2)向受众公开用户生成内容的验证状态。

(3)考虑到内容提供者的情绪状态和安全。

(4)考虑到要求内容提供者制作和交付用户生成内容的固有风险,包括是否给他人带来了不必要的风险。

(5)考虑到技术措施,以确保消息来源在需要时保持匿名。

(6)通过与生成者个人的直接沟通,寻求使用用户生成内容的知情同意。

(7)对内容将如何使用和分发到其他平台保持透明。

(8)给予内容所有者应有的赞赏,前提是考虑到了潜在的后果,包括他们身心和声誉的良好状况。

(9)努力为记者提供信息和装备,使其能够应对通过社交媒体网络与消息来源接触以及留下数字足迹所带来的危险。

(10)支持和帮助那些面对图片或其他令人不安内容的记者。保持一种组织文化,以使记者在需要保护心理健康时能够寻求帮助或发声。①

思考题

1. 什么是媒介伦理?
2. 媒介伦理有什么特点?
3. 媒介伦理的规范来源有哪些?
4. 比较《中国新闻工作者职业道德准则》与《国际新闻伦理规约》的异同。

① Online News Association. Social Newsgathering Ethics Code[EB/OL].[2023-02-20].https://journalists.org/tools/social-newsgathering/.

第三章 数字媒介伦理

数字技术、通信技术、人工智能技术以及其他新技术的应用,正在为我们呈现一个新的未来。数字技术、通信技术、智能技术乃至迄今为止备受关注的元宇宙概念,实际上都意味着一个事实:今天的数字技术和通信技术正在虚拟界面上缔造一个新的空间类型:数字空间。美国思想家本杰明·布拉顿(Benjamin Bratton)十分明确地指出,继施米特谈到的海洋空间的拓展之后,数字空间的拓展成为人类生活世界的第二次重大拓展,不过不同于人类生活世界第一次在地缘上的拓展,数字空间的拓展是由类似于TCP/IP这样的协议组成的。布拉顿说:“堆栈通过占据空间来制造空间;它通过勘察、吸收并虚拟化抽象来做到这一点,正因如此,我们甚至可以考虑其是否在根本上表达了一种秩序(Nomos)。”①在当前的背景下,这个虚拟的数字世界正在成为我们真实的日常生活的一部分,我们在其中购物、交友、游戏,甚至可以进行教学和商务谈判,我们很难将其视为一个纯粹虚构的世界。这是一个新的空间,一个与我们的现实世界并驾齐驱并同时塑造着我们的社会生活的空间。这个空间虽然说不是无规则的无政府状态,但至少可以说是缺乏道德规则和规则不足的状态。此外,为了在这个空间中建立规则,我们也不能简单地将现实社会中实际起作用的道德规则直接挪用到这个空间中来。换言之,我们需要对数字技术创造的元宇宙空间或赛博空间的道德规则进行探索和研究,找到建构数字空间的道德规则之基本原则。这已经成为当代人类在面对数字技术和智能技术形成的挑战时不得不解决的问题。

2022年3月20日,中共中央办公厅、国务院办公厅印发了《关于加强科技伦理治理的意见》,这为研究当代数字技术和智能技术中凸显的伦理问题指明了方向。《关于加强科技伦理治理的意见》明确地将“增进人类福祉”“尊重生命权利”

① 蓝江.云秩序、物体间性和虚体:数字空间中的伦理秩序奠基[J].道德与文明,2022(6):136-145.

“坚持公平公正”“合理控制风险”“保持公开透明”作为当代科技伦理治理的五项原则。① 我们应该以此为指导方向，结合社会的具体发展情况，以传播学的独有视角参与完善数字空间伦理道德原则的建构。

本章以人工智能、算法、数字新闻、数字平台、数字劳动、数字鸿沟、数字化身体以及元宇宙八个数字媒介伦理研究领域内的热点议题②为参照，简要综述，试图呈现出智媒时代背景下新兴伦理问题的大致研究框架。

第一节　智媒时代与人工智能

多数人碎片化地感知到人工智能的崛起是见证了它们在国际象棋、围棋等智力竞技活动中接连战胜人类，如著名的国际象棋大师卡斯帕罗夫在对弈中不敌机器人“深蓝”，谷歌围棋机器人战胜围棋大师李世石和柯洁等。而如《黑客帝国》《爱、死亡与机器人》《黑镜》等科幻影视作品则反映出人们对于人工智能所可能塑造的新社会形态和秩序的想象。各方面开始展现的人工智能时代图景迫使人们警惕人工智能脱离人类控制，甚至超越人类，反向控制人类生存的可能性，人工智能技术已经存在或可能引发的伦理问题自然成为业界和学界的视线焦点。段伟文认为，人工智能体具有的自主认知、决策和执行能力使其以功能性模仿的形式呈现出类似于人的能动与自由意志的“拟主体性”。虽然这种“拟主体性”的价值和意义都是由人来阐释，而非人工智能的自觉，但其仍然赋予了人工智能有别于其他技术人工物的特有的拟伦理角色。学者借助计算机伦理学创始人詹姆斯·H. 摩尔(James H. Moor)对机器人的分类③，从价值与伦理影响力上将智能体分为伦理影响者、伦理行动者、伦理能动者(施动者)和伦理完满者四种具有不同能力的拟伦理角色。通过对此拟伦理角色的分析，可以看到人工智能的价值审度与伦理调适

---

① 中国政府网.中共中央办公厅 国务院办公厅印发《关于加强科技伦理治理的意见》[EB/OL].(2022-03-20)[2023-02-20].http://www.gov.cn/zhengce/2022-03/20/content_5680105.htm.

② 数据参见中国知网.研学可视化分析[EB/OL].[2023-02-20].https://x.cnki.net/kns8/Visual/Center.

③ MOOR J H. Four kinds of ethical robot[J].Philosophy now，2009(72)：12-14.根据机器人可能具有的价值与伦理影响力，摩尔将其分为四类：(1) 有伦理影响的智能体(ethical impact agents)——不论有无价值与伦理意图但具有价值与伦理影响的智能体；(2) 隐含的伦理智能体(implicit ethical agents)——通过特定的软硬件内置了安全和安保等隐含的伦理设计的智能体；(3) 明确的伦理智能体(explicit ethical agents)——能根据情势的变化及其对伦理规范的理解采取合理行动的智能体；(4) 完全的伦理智能体(full ethical agents)——像人一样具有意识、意向性和自由意志并能对各种情况做出伦理决策的智能体。

的基本路径应为负责任的创新和主体权利保护。[①]对于人工智能技术的权利和责任问题，有学者持警惕的态度，认为人工智能使现代技术在“可控”与“失控”两极之间进一步向“失控”偏移，在伦理规范上则面临责任主体缺失及隐私的群体化泄露风险。[②]人类自由意志在于需要能承担决策相应后果，无自由意志的人工智能算法如何承担主体责任无疑是伦理规约难题。

通过区分强人工智能和弱人工智能，可以进一步明确人工智能伦理问题的边界。有学者通过分析智能媒体的技术实现，认为当前以智能算法为内核与本质的智能媒体仍然是无道德意识的弱人工智能，强调工具属性，需要与将来可能存在自主意志和道德意识的强人工智能相区别，因此，当前智能媒体伦理追问适用的伦理架构是以人为中心的一般工程伦理，其伦理风险与其他技术面临的伦理危机无本质区别，皆为人与人之间的控制与反控制危机，智能媒体伦理调适的能动主体必然也是人类主体，智能媒体的伦理调适实质上是对与智能媒体相关的人类主体进行规范性约束。[③]相应的，还有学者对“强人工智能”的可能实现做出伦理前瞻：“强人工智能”实现后，就不能再强调纯粹的工具属性，当自主意志和道德意识赋予他们与人类对等的人格结构，人类成员所拥有的权利地位、道德地位、社会尊严等等，他们就应该平等地拥有。[④] 成素梅则预测人工智能时代人类的劳动解放可能带来伦理隐患：当人类从被迫的劳动中解放出来时，传统的劳动伦理会受到冲击，人们可能对结构改变的社会生活产生迷茫，因此需要开辟劳动伦理与休闲伦理研究的新路径，转而重新塑造劳动和重新理解“休闲”。[⑤]

在更具体的技术产物层面，包括社交机器人、聊天机器人在内的智能机器人改变了人工智能时代的传播生态，同时学界也注意到其间的伦理困境。安孟瑶和彭兰认为，智能时代人与机器有三种典型的关系，即人机协同、人机互动与传播、人机共生。随着人工智能的发展，研究人机关系会成为未来影响人的生存与发展的重要变量，甚至改写人对自我的认知。[⑥] 朱贺提出，聊天机器人作为与人交流更为密切的类别，能够在人机交互中为人带来情感体验，提供情感服务，进行情感补偿。

---

① 段伟文.人工智能时代的价值审度与伦理调适[J].中国人民大学学报，2017,31(6)：98-108.

② 张成岗.人工智能时代：技术发展、风险挑战与秩序重构[J].南京社会科学,2018(5)：42-52.

③ 耿晓梦，喻国明.智能媒体伦理建构的基点与行动路线图：技术现实、伦理框架与价值调适[J].现代传播(中国传媒大学学报),2020,42(1)：12-16.

④ 翟振明，彭晓芸.“强人工智能”将如何改变世界：人工智能的技术飞跃与应用伦理前瞻[J].人民论坛·学术前沿,2016(7)：22-33.

⑤ 成素梅.智能革命引发的伦理挑战与风险[J].道德与文明,2022(5)：194-202.

⑥ 安孟瑶，彭兰.智能传播研究的当下焦点与未来拓展[J].全球传媒学刊,2022,9(1)：41-58.

在情感补偿机制下，人对机器人的共情、依赖，以及人机交互中潜在的操纵和欺骗危机，会是极为凸显的伦理问题。① 因此，部分学者对智能机器人的应用持谨慎态度，他们认为相比任务导向型聊天机器人而言，由于特殊的情感属性，闲聊型机器人所产生的人机伦理问题更加直接和明显，其物理属性限制与人类对情感回应的期待相矛盾，通常会导致人们心理上的挫败感，并由此产生一系列的伦理后果。或许将情感陪护和心理安慰这样的目标视为人工智能未来的诉求是不明智的，机器应该回归工具属性，以求降低伦理风险。② 同时，社交机器人用于恶意目的造成的伦理风险也受到广泛关注。社交机器人常常被用来引导甚至操纵网络舆论，威胁民主政治的发展。“机器人水军”已经取代人工水军成为互联网上一股重要的新兴力量。③ 英国标准协会(BSI)在2016年9月召开的“社会机器人和AI”大会上，颁布了世界上首个机器人设计伦理标准《机器人与机器人系统设计与应用伦理指南(BS8611)》(下文简称为《指南》)。该《指南》主要立足于机器人可能导致的伤害、危害和风险的测度与防范，除了提出一般的社会伦理原则和设计伦理原则之外，还针对产业科研及公众参与、隐私与保密、尊重人的尊严和权利、尊重文化多样性与多元化、人机关系中人的去人类化、法律问题、效益与风险平衡、个人与组织责任、社会责任、知情同意、知情指令(Informed command)、机器人沉迷、机器人依赖、机器人的人化以及机器人与就业等问题提出了指导性建议。

第二节　“算法正义”：公平透明

作为人工智能底层技术的算法技术，在社会层面上有更大范围的应用，但是由于“算法黑箱”的特殊性质，行业外人员对算法的观察和研究难以在技术原理方面深入，算法的规范在很大程度上依靠算法设计者的自觉。因此，在这个领域，伦理和价值问题就更凸显其重要性。伦理与法规、自律与他律，是缚住技术这匹野马的缰绳④，研究者们也试图以促进社会共识和技术伦理的方式实现算法设计的合理

① 朱贺.情感补偿机制下的社交机器人伦理问题[J].青年记者，2021(10)：119-120.

② 王颖吉，王袁欣.任务或闲聊？——人机交流的极限与聊天机器人的发展路径选择[J].国际新闻界，2021，43(4)：30-50.

③ 高山冰，汪婧.智能传播时代社交机器人的兴起、挑战与反思[J].现代传播(中国传媒大学学报)，2020，42(11)：8-11，18.

④ 彭兰.机器与算法的流行时代，人该怎么办[J].新闻与写作，2016(12)：25-28.

性与公正性。近年来对算法的研究主要集中在信息茧房(或者“过滤泡”)、算法偏见和权利侵犯、算法透明度等方面。

“信息茧房”体现出用户面对算法的主动性与被动性之二重张力。与以往专业媒体构建的拟态环境一样,算法也构建了一种拟态环境。与传统媒体构建拟态环境不同的是,不同平台的算法对用户兴趣、社会关系、经济流量等影响因素的考虑各有不同,平台内部的信息环境也就不尽相同。另外,算法在表面上强调满足用户个性化需求,尊重个体的主动性,但用户对算法的依赖和信任以及分发逻辑下内容生产的同质化,则在更加隐秘的层面上约束了用户的主动性,这种二重矛盾,不仅是算法带来的矛盾,也是人在整个智能传播时代所面临的一种典型状态。① 基于“信息茧房”可能造成的影响,胡菡菡提出“茧房理性人”的概念,认为在经济学意义上,茧房理性人与传统理性人都具有最大化个体利益的冲动。但受到信息不充分的影响,茧房理性人很难在做决策时选择合理的行为伦理。在社交媒体成为人们主要的交往工具时,茧房理性人的单边利益偏好,还会对已有的伦理体系造成挑战,这包括影响正义观念的形成、改变利益分配的规则以及危及合理行为伦理的知识传播系统。② 同时,算法对偏见的继承性也在危及社会公平正义,算法设计人员自身的初始偏见,会以不可见的形式内蕴在算法程序中,并可能随着数据的积累和算法的运转慢慢强化放大。③ 数据监测和算法评估固化了人们的社会位置和职业角色,使社会流动性减弱,机会与资源分配不均。算法或许会在某些方面导致社会资源分配的“马太效应”被进一步放大。④ 算法设计者着眼于强化算法捕捉用户“个性”的能力,但有意或无意地忽视了用户与算法对话并参与可见性设计的权利。⑤ 学者周葆华认为,算法已经成为可见性与注意力的新生产机制与逻辑,以不可见、不可知的方式运作并影响日常生活和舆论生态,因此,提出“可见性正义”(visibility justice)的概念,呼吁包括算法机制在内的社会机制维护公共利益,促进可见性与注意力分配的公正、公平、合理与德性。⑥ 段伟文则提出,为了披露与削

---

① 安孟瑶,彭兰.智能传播研究的当下焦点与未来拓展[J].全球传媒学刊,2022,9(1):41-58.

② 胡菡菡.茧房理性人如何挑战新数字伦理[J].青年记者,2020(16): 50-51.

③ 周涛.数据的偏见[J].金融博览,2017(5):22-23.

④ 彭兰.假象、算法囚徒与权利让渡:数据与算法时代的新风险[J].西北师大学报(社会科学版),2018, 55(5):20-29.

⑤ 聂静虹,宋甲子.泛化与偏见:算法推荐与健康知识环境的构建研究——以今日头条为例[J].新闻与传播研究, 2020, 27(9): 23-42, 126.

⑥ 周葆华.算法、可见性与注意力分配:智能时代舆论基础逻辑的历史转换[J].西南民族大学学报(人文社会科学版),2022,43(1):143-152.

减数据和算法权力的误用及滥用,应对数据和算法施以“伦理审计”——从智能认知与算法决策的结果和影响中的不公正入手,反向核查其机制与过程有无故意或不自觉的曲解或误导,揭示其中存在的不准确、不包容和不公正,并促使其修正和改进。① 陈昌凤和张梦基于沃德和沃瑟曼的“封闭伦理”和“开放伦理”概念,认为部分伦理研究没有注意到制定伦理原则和达成协议的过程中各主体的伦理话语权并不平等。应该以“开放伦理”为指导理念,促进多元主体协同实施算法透明度,重视非专业化的组织、群体和个人尤其是用户在伦理原则的制定、伦理决策中的话语权及其作用。②

第三节　技术伦理视野下的新闻业变革

随着信息技术与人工智能的发展,基于人工智能的技术系统已深入渗透在人类生活的各个领域,影响甚至重塑着人、机与社会之间的关系结构,而人工智能的现实发展及其所带来的技术想象,也迅速触发了人类的伦理危机与伦理反思。智媒语境下的传统新闻业发生巨大变革,数字化转型全面渗透到新闻生产、分发、互动等各个环节,新闻客观性、新闻专业主义、公民隐私权等传统伦理矛盾延续并升级,机器人内容生产、智能推荐机制等人工智能在新闻业的典型应用引发诸多新的伦理问题。学界一方面回到技术哲学的思想脉络中,探讨智媒时代的技术伦理,同时也在规范与实践层面围绕现实中的矛盾问题与潜在风险展开伦理反思。张梦、陈昌凤基于对国内外新闻传播学核心期刊中智能媒体相关文献的梳理,总结出“新闻传播实务变革、新闻传播学研究范式革新、伦理争议以及伦理归责”四类研究主题。智能媒体在新闻传播领域的应用带来了新闻生产传播全流程的技术变革,而其技术局限也引发实务层面的伦理问题讨论和本体论层面的理论与范式反思。智媒应用过程中出现的“非真实”“偏见和歧视”“低透明度”“违背个人信息保护”和“损害个体自主”等伦理争议,也引发了学界围绕责任主体、归责依据以及责任体系对新闻业智能化转型中的伦理归责的探讨。③ 赵瑜聚焦 AI 时代的新闻伦理研

---

① 段伟文.人工智能时代的价值审度与伦理调适[J].中国人民大学学报,2017,31(6):98-108.

② 陈昌凤,张梦.智能时代的媒介伦理:算法透明度的可行性及其路径分析[J].新闻与写作, 2020(8): 75-83.

③ 张梦,陈昌凤.智媒研究综述:人工智能在新闻业中的应用及其伦理反思[J].全球传媒学刊,2021,8(1): 63-92.

究，总结学界对于新技术背景下新闻实践中主要伦理问题的讨论，包括大数据带来的个人隐私与被遗忘权问题、算法的智能推荐可能导致的信息茧房效应以及新闻偏向与真实性挑战等伦理忧虑。赵瑜也指出，算法和数据是新技术语境中新闻伦理研究的核心，而新媒体技术与社会伦理期待之间的冲突则构成 AI 时代新闻伦理问题的实质。①

人工智能在传媒业中的引入在短时间内便为新闻传播实务领域带来了全方位的变革。杨保军、杜辉总结了智能新闻生产传播的四种主要形式，即传感器新闻、机器新闻写作、定向新闻推送和新闻信息服务。他们同时也指出，失实风险、侵权风险以及算法权力滥用的风险成为智能新闻的主要伦理风险；智能新闻的首要伦理责任主体应当是智能软件的开发者和使用者，而智能新闻的市场营销人员以及智能新闻的接受者和转发者，都是智能新闻传播中的重要主体，需要在一定范围内承担相应责任；透明原则、风险可控原则、知情同意原则和核查更正原则应成为智能新闻生产传播的职业伦理原则。②

2015 年被称作“虚拟现实（VR）新闻”元年。邓建国对 VR 新闻这一新技术形态展开考察，认为 VR 新闻虽然能够帮助新闻受众成为新闻目击者并且提升新闻报道的政治与社会影响力，但也面临诸多伦理风险，譬如更大的操纵性与欺骗性，更强的把关与议程设置能力以及显化效应（priming），使“公众”（public）退化为“群众”（crowd）甚至“缸中大脑”（brain in tub）的潜在风险，以及“身体”在场意义的质疑等；变革下的新闻业应坚持技术服务于新闻而非相反的价值主张。③如何处理智能新闻生产传播中人机之间的伦理冲突，真正建立健康高效的人机关系模式，也成为 AI 时代新闻生产传播中的重要伦理议题。许加彪等学者从技术哲学视角入手，对机器人新闻生产中的技术逻辑以及人机关系的伦理冲突进行反思，并在此基础上提出实现对于传播者与用户的双重解放才是机器人新闻生产最重要的专业关怀，应以主体间性理念理解人机作为双主体的互动与互构关系，而人机融合模式所达成的共荣有机体才是人机关系的理想形态。④传统媒体时代的新闻把关在智能媒体时代发生显著变化，数字把关成为人工智能在新闻业中的典型运用。刘海明、

① 赵瑜.人工智能时代新闻伦理研究重点及其趋向［J］.浙江大学学报（人文社会科学版），2019，49（2）：100-114.

② 杨保军，杜辉.智能新闻：伦理风险 · 伦理主体 · 伦理原则［J］.西北师大学报（社会科学版），2019，56（1）：27-36.

③ 邓建国.时空征服和感知重组：虚拟现实新闻的技术源起及伦理风险［J］.新闻记者，2016（5）：45-52.

④ 许加彪，韦文娟，高艳阳.技术哲学视角下机器人新闻生产的伦理审视［J］.当代传播，2019（1）：89-91，99.

杨琦钜对数字时代的新闻把关人进行考察，指出数字把关因聚焦效益、轻视道德的价值取向而产生的伦理困境，并倡导强化对数字把关的伦理建构：以底线伦理、位阶伦理为理论基础，以“自上而下”的道德原则嵌入与“自下而上”的道德经验学习相结合的方式对数字把关人进行道德训练，从而提升数字把关人的道德敏感性与道德判断能力。①算法机制对传统新闻业中的新闻专业主义与公共性造成了解构②，数据使用规范、算法偏见、新闻客观性和真实性等问题也重新进入传媒伦理的探讨视野③。喻国明等学者提出，人工智能在数据收集、处理、分发等过程中的不透明，导致了传受双方信息不对称、信息茧房效应等问题，而算法的技术权力逻辑也对新闻专业主义价值观及其权威性带来冲击；由人把关新闻生产的价值取向并建构“人机交互”的发展模式，成为人工智能时代重构新闻专业主义的重要思路。陈昌凤、霍婕也关注到算法式分发新闻所导致的新闻分发权移交、新闻“把关”权后移、公民参与受损等问题，并强调在技术与人文的隔阂中加强技术伦理反思，强化智能时代的人本精神。④

在对AI时代新闻传播领域的新技术现象及其伦理问题展开批判性反思的同时，学界也开始关注新技术语境下伦理体系的建构。龙耘、吕山提出了媒介治理从管理、规制到治理、共治的伦理转向。作者指出，媒介治理伦理体系所具有的内在性与先导性、道德与技术赋能、共时性建构以及实践指向等功能特征，使建构媒介治理伦理体系规范在当下具有重要性、适当性与迫切性；AI时代的媒介治理伦理体系应在价值转型的基础上，使其运行机制完成从市场逻辑向公益逻辑、从粗放向集约与审慎的结构调整，并在此基础上进一步建构和实践媒介治理伦理的原则规范。⑤常江基于对新闻从业者与数字新闻用户的深度访谈，从经典伦理学中的道义论、功利主义和美德伦理三大视角，切入对数字媒介环境下由宏观层面的新闻行业、中观层面的新闻机构以及微观层面的新闻从业者所共同建构的新型新闻伦理体系的探索。新闻行业对于“社会责任”作为新闻业存在、立足和发展的基本道义这一普遍认同并未在数字时代发生明显变化，坚持“社会责任”的基本价值构成了建构新闻伦理体系的价值基础；数字技术的冲击放大了新闻机构功利主义面向，以

① 刘海明，杨琦钜.位阶与底线：人工智能时代数字新闻把关人的伦理探究[J].现代传播（中国传媒大学学报），2021，43（1）：81-86.

② 姜红，鲁曼.重塑“媒介”：行动者网络中的新闻“算法”[J].新闻记者，2017（4）：26-32.

③ 喻国明，侯伟鹏，程雪梅.“人机交互”：重构新闻专业主义的法律问题与伦理逻辑[J].郑州大学学报（哲学社会科学版），2018，51（5）：79-83，159.

④ 陈昌凤，霍婕.权力迁移与人本精神：算法式新闻分发的技术伦理[J].新闻与写作，2018（1）：63-66.

⑤ 龙耘，吕山.AI时代媒介治理的伦理体系：内涵、特征及实践原则[J].现代出版，2021（4）：32-38.

人本主义遏制功利主义并探索新的行业规范成为建构新闻伦理体系的核心任务；从业者美德标准的重要性在数字技术语境下大幅提升，有时与行业社会责任之间产生冲突，对二者关系的调和以及对具有内在连续性的观念体系的建立也成为伦理体系建构中的重要内容。①

第四节　平台媒体与平台经济：平台算法下的伦理困局

资讯类新闻聚合平台如今日头条，社交类平台如微博、微信，以及短视频平台如快手、抖音等，已经越来越多地具有平台媒体的属性，成为平台媒体化发展的代表。平台媒体的独特“社交基因”与“技术基因”，使其能够搭建起高效的信息传播网络并成为信息分发的枢纽。②而平台媒体中的算法技术在推动平台媒体发展的同时也带来了一系列伦理失范问题。段鹏、李嘉琪关注到平台媒体算法机制造成的伦理失范困境，从伦理学思想出发，对平台媒体算法技术中的技术本体义务责任、功利目的和美德导向三个层面展开伦理考量，在此基础上指出，算法背后隐藏的权力关系已然是价值观嵌入的重要力量。③在全球互联网内容失范的现实境况下，平台的自我治理以及这一进程中算法技术的赋能潜力受到学界的关注与讨论。李鲤、余威健指出，网络平台中的内容审核已经由人工审核模式发展到算法主导的智能化审核模式阶段，然而，算法审核存在的复刻社会偏见、损害公共价值等技术局限可能导致伦理失范的风险，伦理规约体系的建构正在被召唤。将透明度原则纳入算法的伦理规制，以“透明前置、透明进化、透明问责”的逻辑链条为核心，有助于促进多元主体协同构建算法的透明机制，从而合力塑造负责的算法审核机制，实现伦理风险的最小化。④学者们也关注到数字平台治理中的伦理困境。以短视频平台为例，对于违反法律或违背伦理道德的问题视频，短视频平台在处理中常常陷入伦理道德与经济效益的尖锐矛盾，从而陷入是否加以管制的伦理困局。牛静、

① 常江.规范重组：数字媒体环境下的新闻伦理体系建构[J].新闻记者，2019(8)：37-45.

② 张志安，李霭莹.变迁与挑战：媒体平台化与平台媒体化——2018 中国新闻业年度观察报告[J].新闻界，2019(1)：4-13.

③ 段鹏，李嘉琪.隐藏的价值观：平台媒体算法的伦理考量和权力关系[J].江西师范大学学报（哲学社会科学版），2019，52(5)：92-97.

④ 李鲤，余威健.平台“自我治理”：算法内容审核的技术逻辑及其伦理规约[J].当代传播，2022(3)：80-84.

徐天宜以“危险动作类”视频内容为例，指出当前短视频平台的监管矛盾并引入伦理学中的波特模式进行分析。研究者对波特模式做出进一步改进，总结出“定义情况、利益相关者、义务、价值、普及化和反馈”的伦理抉择路径，力图通过提供更为全面和理性的思考框架帮助伦理决策者进行更优的伦理选择。① 然而，顾杨丽、吴飞也指出，仅仅将短视频平台中的内容问题归咎于平台监管的缺失是欠妥的。作为典型的“用户创造内容”，短视频平台在准入上的低门槛注定带来内容的良莠不齐，然而所谓的低俗、失范的判断规则并不明晰，人们对于是否有违道德的判断本身也存在差异，并不存在所谓的普适的文明标准；短视频平台的内容治理客观上存在伦理难题，在对短视频平台保持警惕的同时也应减少一些苛责。②

伴随共享经济的兴起，数字共享经济平台作为共享经济的数字载体也呈现出积极的发展态势。然而，数字共享经济平台中有关隐私安全、大数据杀熟、虚假销售等社会丑闻的频现，也使得其中所涉及的伦理问题成为社会焦点。刘鸿宇对数字共享经济平台中的价值共创展开理论探讨，他指出，数字共享经济平台的健康发展不仅是经济问题，更是伦理层面的重要问题，有必要从伦理视角重新切入平台价值共创的规范设计，确立平台共同体及其道德自由空间，建构平台的超规范伦理体系，并在此基础上实现对平台利益相关者信任关系的伦理建构。③

数字经济的崛起正在重构中国社会关系与劳动实践，大量数字劳动者在数字经济平台化的发展进程中深陷与平台的绑定关系，其劳动过程与劳动秩序出现显著变化。在智能媒体的技术语境下，数字劳动与平台算法之间形成深度互动，其背后则存在着复杂的权力关系；而这一劳动状态也逐渐暴露出劳动者与平台之间尖锐的伦理矛盾，引发了社会对数字平台的强烈伦理批判。2020 年 9 月，《人物》杂志发表的《外卖骑手，困在系统里》一文引发社会热议，学界也更多地就劳工与平台关系问题展开深入讨论。孙萍指出，在平台经济中，算法技术日益取代传统的人力监管，使得传统的劳资矛盾逐渐迁移至“技术—劳动”的实践层面。外卖平台算法将外卖员的劳动过程置于全方位的监管之中，以实现劳动效率与劳动价值的最大化；数字劳动者与平台算法所建构的人与技术的关系，凸显了中国数字劳动中技

① 牛静，徐天宜.短视频平台的传播伦理困境及抉择路径探讨：基于波特模式对危险动作类视频的传播伦理分析[J].未来传播，2019，26(1)：20-24，121.

② 顾杨丽，吴飞.短视频平台的伦理困境[J].当代传播，2018(5)：98-100.

③ 刘鸿宇.数字共享经济平台价值共创的伦理探析[J].科学学研究，2022，40(8)：1353-1360.

术政治与底层叙事、算法依附与自我赋权之间的张力角逐。①陈龙基于对外卖平台劳动过程与劳动秩序的分析，阐释了平台公司如何通过控制权的重新分配实现管理形式的转换，从而促进雇佣关系的弱化与劳资冲突的转嫁；平台凭借数字控制技术手段的升级，也实现从数据收集、分析到使数据反作用于劳动群体的整套数字控制下的劳动秩序，这一控制系统在损害平台骑手自主性的同时，也致使其在无形中参与了对自身的管理。②而针对社会对于"困在系统里"这一平台伦理困局的热议与反思，姬德强进一步强调对中国作为发展中大国这一特殊语境的重视，指出在"被困"这一数字资本主义逻辑中的伦理批判之外，也应兼顾发展主义框架在平台经济中的角色与地位以及发展中国家的发展模式选择问题，从而进一步思考对发展与治理二元对立的破除。③

自 2020 年以来，数字劳动异化现象日渐加剧，学界对其中的伦理问题关注愈发密切并且进行了多方位的批判反思。汪金刚从马克思异化劳动理论出发，切入对信息化社会生产中的数字劳动场域的批判性考察，发现信息化社会的"数字异化劳动"极大地发展和延伸了马克思的"商品异化劳动"理论，制造出一系列极具时代特色的文化景观和文化后果。④ 吴宏洛、孙璇着眼于资本主义数字经济发展中的异化劳动问题，阐明当代资本主义数字化劳动中出现的劳动产品异化、数字生产过劳、智能生产加剧人与其类本质的对立以及劳资矛盾的潜在升级等异化劳动的新特征、新表现；而这也构成了当代资本主义在数字经济下的新型剥削方式。⑤ 近两年"元宇宙"概念的讨论热潮，也为伦理视角下的数字劳动提供了新的话题空间。曹克亮将元宇宙作为一种新的数字化劳动场域，对其中的新数字劳动展开伦理批判。他指出，人与物的数字信息构成元宇宙的建立基础，当人们的行动、交往与情感被接入元宇宙所创设的虚拟现实环境之中，便形成一种新的数字劳动。在元宇宙的新数字劳动中，人们对自身交往与劳动的把控力进一步弱化，劳动者的劳动主体地位将受到严峻挑战，而元宇宙中由资本主导的技术逻辑在缺乏伦理规约的情况下也极易对人类主体性造成僭越。⑥

---

① 孙萍."算法逻辑"下的数字劳动：一项对平台经济下外卖送餐员的研究[J].思想战线，2019，45(6)：50-57.

② 陈龙."数字控制"下的劳动秩序：外卖骑手的劳动控制研究[J].社会学研究，2020，35(6)：113-135，244.

③ 姬德强."困在系统"之外：一个数字平台研究的国家理论[J].编辑之友，2022(10)：15-21.

④ 汪金刚.信息化社会生产与数字劳动异化：对马克思"异化劳动理论"的当代阐释[J].新闻大学，2020(2)：80-93，122.

⑤ 吴宏洛，孙璇.当代资本主义数字经济中的异化劳动问题[J].当代经济研究，2021(6)：24-33.

⑥ 曹克亮.元宇宙：新数字劳动中的生活世界"殖民化"及其伦理审视[J].江汉论坛，2022(10)：46-52.

第五节　数字鸿沟新样态

随着数字技术驱动社会信息传播机制的范式转变,数字鸿沟也基本同步地经历了特性鲜明的三种范式,即从最初的接入鸿沟(数字鸿沟 1.0)到网络使用的素养鸿沟(数字鸿沟 2.0),以及知识鸿沟——在智能时代则更多表现为以数据为核心的智能鸿沟(数字鸿沟 3.0)。①中国作为高速发展中的社会主义国家,又是互联网大国,需要重视自身现代化过程中数字鸿沟带来的发展不平等、不平衡问题,进而为促进全球信息平等做出表率。智能鸿沟以智能技术的应用为基础,由于大型企业和组织对大部分数据、算法和算力的垄断,智能鸿沟问题和接入鸿沟、素养鸿沟问题存在着基础性的不同,商业逻辑作为主导性逻辑成为智能鸿沟的重要特征之一。② 人工智能带来的裨益只能惠及少部分人,劳动力驱动型和创新驱动型的就业平衡不断被打破。技术的演进加深了权能的不平等,知识和财富差距造成信息技术接触和使用方面的不平等,进而使社会弱势群体由于缺乏数字技术而失去诸多新机遇。③也有部分研究者从数字弱势群体视角重新考量数字鸿沟。刘国强和颜廷旺通过研究以"重庆棒棒"为代表、拒绝使用智能手机的底层群体发现,由于"弱者"身份能够带来实际利益,相当一部分"数字难民"主动拒绝而非客观上无法使用智能手机。由此可见,数字鸿沟是一种双向鸿沟,持进步主义的一方和持保守主义的一方各有其历史情境下的具体动机而无价值高下之判。④另一方面,全球人工智能的发展也存在不平衡,人工智能的发展集中于美国、中国、欧洲等少数国家和地区。据乌镇智库 2017 年公布的"乌镇指数",2010—2016 年中美欧新增的人工智能企业数占全球总数的 75%,2016 年美国的人工智能融资规模占到了全球总额的 64.49%。⑤

---

① 钟祥铭,方兴东.智能鸿沟:数字鸿沟范式转变[J].现代传播(中国传媒大学学报),2022,44(4):133-142.

② 钟祥铭,方兴东.智能鸿沟:数字鸿沟范式转变[J].现代传播(中国传媒大学学报),2022,44(4):133-142.

③ 刘淼,喻国明.中国面临的第二道数字鸿沟:影响因素研究——基于社会资本视角的实证分析[J].现代传播(中国传媒大学学报),2020,42(12):1-8.

④ 刘国强,颜廷旺.底层群体为何拒用智能手机?——基于重庆棒棒的扎根研究[J].国际新闻界,2022,44(7):74-96.

⑤ 胡曙光,陈昌凤.观念与规范:人工智能时代媒介伦理困境及其引导[J].中国出版,2019(2):11-15.

第六节 数字身份与身体媒介

基于大数据、生物信息识别、区块链、卫星定位等智能技术，几乎每个人在数字时代都建立起相应的数字身体，借由技术的联通，人的存在以及社会关系被极大地激活。数字身体的频繁唤醒和使用，已经让个体非常习惯在物理身体和数字身体两重形态之间双向切换。与“身体”“身份”以及个人隐私信息相关的媒介伦理问题也顺势进入研究者的视线。有研究者用“身体参与传播活动的完整度”来划分媒介形态，确立“身体媒介”“无身体媒介”“身体化媒介”以及“类身体媒介”四个阶段，每个阶段都有独特的媒介伦理要求（表3-1）。①

表3-1 不同“身体媒介”形态的伦理要求

	传播活动的直接参与者	身体在传播活动中的状态	传播活动参与者的关系	媒介伦理要求
“身体媒介”时代	生物学意义上的人	肉体在场	固定的地缘关系	互相尊重、合作共赢等社会伦理；保证传播效率；保证个体不参与权等
“无身体媒介”时代	机器与生物学意义的人	隐退	工具与使用者的关系	真实、客观、中立；提高新闻生产透明度等
“身体化媒介”时代	机器与以“数字身体”形式存在的人	虚拟在场（不直接出现，但发挥系统功能）	多变的趣缘关系	树立主体间性理念；为真实性提高可控路径等
“类身体媒介”时代	机器人与“技术身体”形式存在的人	技术真实下的虚拟在场（与“身体媒介”时代相同的体验，但肉身无须真正接触）	平等的合作者关系	保证人类对自身的控制权；尊重其他主体

胡凌则从疫情期间作为身体和身份标识的“健康码”出发，讨论数字基础设施的建设如何使技术逻辑更快地嵌入到社会行为习惯和身份制度中。②但是由于当前数字身份难以形成一个统一的规范和标准，相关法律法规不健全，加之民众对身份数据化风险感知也尚不充分，导致数字身份信息被盗用、泄露以及非法追溯等严重的伦理风险。③与数字身份相关的，在大数据背景下，学界开始提出“被遗忘权”和“被记忆权”主张。胡晓萌认为，信息技术重塑了人类记忆与遗忘的状况，其以

① 刘明洋，王鸿坤.从“身体媒介”到“类身体媒介”的媒介伦理变迁[J].新闻记者，2019(5)：75-85.

② 胡凌.健康码、数字身份与认证基础设施的兴起[J].中国法律评论，2021(2)：102-110.

③ 董军，程昊.大数据时代个人的数字身份及其伦理问题[J].自然辩证法研究，2018，34(12)：76-81.

物质手段突破了人类记忆能力的极限,使记忆可以成为永恒,使遗忘成为不可能,大数据“永久记忆”可能会对人类社会的数据隐私、安全和数字身份造成侵犯。[①]犹如硬币的两面,数字技术在使“应当被遗忘的内容”变得不可控时,也使“应该被记忆的内容”变得不可控。李欢、徐偲骕指出,媒介的数字化“使得个体记忆形成了明显的‘媒介依赖’,个体对自己过往活动信息的控制权逐渐转移到了媒介手中,自身却无法决定谁可以在何种条件下取舍这些信息”,因此“被记忆权”的权利诉求有助于增强用户对自身信息的控制能力。[②]

第七节　元宇宙的伦理展望

Metaverse 这个概念的思想源头是美国数学家和计算机专家弗诺·文奇(Vernor Vinge)教授在 1981 年出版的《真名实姓》(*True Names*)中描述的通过脑机接口技术进入并获得真实感官体验的虚拟世界。[③] 从构词上看,Metaverse 一词由 Meta 和 Verse 组成,Meta 在希腊语中表示“对……超出”,verse 代表宇宙(universe),合在一起的意思就是所谓“超越现实宇宙的另一个宇宙”,具体地说,就是指一个平行于现实世界运行的人造空间。根据维基百科,元宇宙 Metaverse 被定义为“一个集体虚拟共享空间,由虚拟增强的物理现实和物理持久的虚拟空间融合而创造,包括所有虚拟世界、增强现实和互联网的总和”。[④] 1992 年,美国著名作家尼尔·史蒂芬森(Neal Stephenson)在《雪崩》(*SnowCrash*)中提到元宇宙(Metaverse)一词,他这样描述:“戴上耳机和目镜,找到连接终端,就能够以虚拟分身的方式进入由计算机模拟、与真实世界平行的虚拟空间。”[⑤]

虽然元宇宙在技术上还未完全实现,元宇宙世界仅作为“乌托邦”一般存在于人们的想象中,但可以预见的是,基于人工智能、算法、虚拟现实等技术建立的元宇宙同样会存在伦理风险。在另一角度,不论是身份还是社群,在元宇宙对这二者的

---

① 胡晓萌.温和的被遗忘权主张:基于权利的信息伦理视角[J].伦理学研究,2020(5):127-133.

② 李欢,徐偲骕.为了不忘却的纪念:数字时代网络用户的“被记忆权”研究[J].新闻记者,2023(5):62-74.

③ BI M, WANG Y, CAI Z, et al. A privacy-preserving mechanism based on local differential privacy in edge computing[J]. China communications, 2020, 17(9): 50-65.

④ 喻国明.未来媒介的进化逻辑:“人的连接”的迭代、重组与升维——从“场景时代”到“元宇宙”再到“心世界”的未来[J].新闻界,2021(10):54-60.

⑤ NING H S, LIU H. Cyber-physical-social-thinking space based science and technology framework for the Internet of things[J]. Science China (information sciences), 2015, 58(3): 1-19.

建构过程中，总是无法避免与物质世界发生联系并从中汲取经验，只要是存在人际关系、社会互动的场域，就需要建立伦理法规才能良性运行。因此，部分学者就元宇宙可能存在的伦理问题开启了前瞻。黄楚新和陈伊高认为，在元宇宙中，我们仍然要面临社会秩序和算法秩序的冲突和共融，社会秩序发生变化的原因实际在于人的心态、习惯和人对技术的回应，而非技术本身，算法秩序对人的自主性具有有限的遮蔽性。在此过程中，技术的自主性及人的自主性不间断地促成算法秩序和社会秩序的相互塑造。①张洪忠、斗维红和任吴炯则对元宇宙时代虚拟与现实身体的权利责任纠缠、用户隐私保护等方面可能存在的伦理问题提出了意见。②

第八节　时代议题：建构“数字新秩序”

“人工智能”“算法”“数据”是数字时代最突出也最受关注的字眼，它们一方面意味着社会生产、生活正借由技术的发展进行全方位的转型，另一方面也折射出技术逻辑在转型过程中强大的主导权。技术逻辑的全面下沉对社会文化、社会关系乃至整个社会结构的影响都是巨大的，传统道德伦理框架已经不能完全与愈发成形的“数字空间”相适应，“数字新秩序”的建构迫在眉睫。

技术变革引发生产力与生产关系的结构性革新，数字经济与数字平台的发展带来新的劳动关系与利益者网络，数字劳动也在与平台算法的深度互动中出现旧有伦理冲突的升级。平台借助算法技术进行劳资矛盾的转嫁与劳动秩序的重塑，数字劳动者与平台之间形成绑定关系，在算法机制下呈现出深度的互动与尖锐的伦理矛盾。而在社会劳动方式与劳动形态的变革之下，劳动的异化问题也从物质劳动入侵至数字劳动，日益加剧的数字劳动异化正在导致深刻的劳动伦理冲突。

掌控人工智能、算法、数据大部分垄断权的资本使社会发展逐渐被资本逻辑所引导，智能鸿沟、算法偏见、数据隐私泄露等信息安全和信息公平的新型伦理问题也日渐凸显。而人工智能作为“拟主体”介入社会，如何处理技术变革下的人机关系成为数字媒介伦理反思中的重要问题。人机协同、人机互动、人机共生等新的关系模式，撼动了传统带有理性主义色彩的主客二元关系认知并且重唤着人类主体

---

① 黄楚新，陈伊高.元宇宙：形塑人机伴生的媒介化社会[J].新闻与写作，2023(2)：68-76.

② 张洪忠，斗维红，任吴炯.元宇宙：具身传播的场景想象[J].新闻界，2022(1)：76-84.

性反思，新的、待明确的权责结构也日渐显现。建立健康高效的人机关系模式这一重要伦理议题，亦构成技术变革语境下的一项社会发展问题，为此，我们需要持续对“人机关系”进行价值审度和伦理调适。

“元宇宙”轮廓越发清晰，但厘清和解决这些基础技术内嵌过程中所浮现的伦理风险，是将人类社会全面纳入“数字空间”的前提，否则我们可能面临严重的社会失序。

思考题

1.如何理解技术革新与伦理规范的关系？

2. 简述“算法偏见”与“算法正义”。

3. 举例说明数字技术给新闻业带来的伦理风险和伦理挑战。

4.阐释“数字新秩序”的内涵。

中编　媒介伦理议题

第四章　规范理论与媒介体制

功能主义是贯穿传播研究的理论取向,尽管它缺乏明确的定义,且在价值特征上含混模糊①,但它恰恰说明了传媒在社会规范当中所起的重要作用。此外,社会规范也构成了媒介体制的底色,塑造了媒介体制之所是。在《社会传播的结构与功能》一书中,拉斯韦尔提出“社会中传播过程”的三功能说,即“环境监视”“社会协调”“社会遗产传承”三个方面。② 默顿与拉扎斯菲尔德则总结出大众传播的“地位赋予”“社会规范强制”“麻醉负功能”三个功能,补充了批判的视角。二人的学生赖特则对功能主义进行了再加工,统合了此前两种不同的传播功能主义思路,在拉斯韦尔的基础上补充了“娱乐功能”。③ 从传播研究功能主义的思想脉络中可以得知,社会规范与传媒之间的复杂关系始终是传播研究的一个重点。本章将重心放在新闻传播研究中的传媒规范理论与媒介体制研究上,这一研究领域充分展示了作为社会规范的媒介伦理与传媒之间相互塑造的过程,为理解媒介伦理的重要性提供了范例。

第一节　《传媒的四种理论》:经典范式的确立与形成

研究传媒规范理论与媒介体制这一领域首先要追溯到《传媒的四种理论》(Four Theories of the Press)这一经典著作。1956 年,弗雷德里克 · S. 西伯特、西奥

① 展宁,周晨静.传播研究中的“功能主义”:一个历史概念的蕴含与演化[J].国际新闻界,2022,44(5):24-48.

② 拉斯韦尔.社会传播的结构与功能[M].何道宽,译.北京:中国传媒大学出版社,2013.

③ 展宁,周晨静.传播研究中的“功能主义”:一个历史概念的蕴含与演化[J].国际新闻界,2022,44(5):24-48.

多·彼得森、威尔伯·施拉姆三人合著的《传媒的四种理论》由伊利诺伊大学出版社出版，该书提出的四种理论“开启了比较新闻学的先河，从宏观的视野揭示出新闻媒介与社会的关联”；在现实层面，《传媒的四种理论》不仅成为畅销书，还作为新闻传播学科的经典教科书经久不衰。中国在改革开放之初将此书引入国内，也引起广泛影响，相关研究成果丰硕。①

《传媒的四种理论》从规范性的视角出发，依据媒介体制与所在地区的政治制度和哲学基础的关系，建立了关于媒介体制的分类学。它将传媒区分为四种不同的理论，在媒介体制与社会规范之间建立了紧密的联系。所谓传媒的规范理论，是指试图展现媒介体制应该是怎样的问题，而非媒介体制实际上是怎样的问题。②这也是此书的问题意识之所在：“传媒为什么是现在这个样子？为什么它为不同的目的服务？为什么在不同的国家，它的表现形式存在极大差别？”③因此，《传媒的四种理论》所确立的规范研究的传统将媒介体制的研究与政治哲学建立了联系，并试图呈现在一定的哲学基础和政治制度之下，媒介体制应该呈现的样态。它将传媒背后的“调节个人与社会关系的管制制度”视为系统理解传媒的基础，因而“要想全面了解传媒体系之间的差异，就必须考察传媒赖以运行的社会制度”，“而要想了解各种社会制度与传媒之间的真正关系，就要关注这些社会所固有的某些基本信念和假设”。④ 四种理论从规范的视角出发，归纳出四种不同的传媒类型及其背后的“哲学和政治学原理或理论”。

威权主义理论被视为历史最久远、传播地域最宽广的理论，诞生于文艺复兴晚期，为现代社会的许多媒介制度奠定了基础。传媒的威权主义理论认为，个人只有作为社会成员才能发挥其全部潜能，只有通过团体，个人才能实现其目的。因此，作为个人集合体的国家就被视为一切理想特征的总和。新闻媒体应该受到持续不断的监督与控制，以实现所有人利益的统一。⑤ 从历史的视角来看，政府对媒体的控制从消极走向积极，大众媒体成为实现国家目标的重要手段之一。“尽管这些理论本身已为大多数民主国家所抛弃，但威权主义国家的某些做法仍然影响着民主国家的实践。”⑥自由至上主义理论提出了与威权主义理论截然不同的假设，认为

① 展江，王晓笂.从“四种理论”到“去西方化理论”：比较媒介研究的演进[J].上海大学学报（社会科学版），2008(4)：58-73.

② 王亮.媒介体制的模式与变迁：基于《比较媒介体制》的实证研究[J].国际新闻界，2022,44(9)：154-176.

③ 西伯特，彼得森，施拉姆.传媒的四种理论[M].戴鑫，译.北京：中国人民大学出版社，2008：1.

④ 西伯特，彼得森，施拉姆.传媒的四种理论[M].戴鑫，译.北京：中国人民大学出版社，2008：1-2.

⑤ 西伯特，彼得森，施拉姆.传媒的四种理论[M].戴鑫，译.北京：中国人民大学出版社，2008：2-29.

⑥ 西伯特，彼得森，施拉姆.传媒的四种理论[M].戴鑫，译.北京：中国人民大学出版社，2008：28.

"人是理性的动物,人本身就是目的"。个人的自我实现就是国家的终极目标。从弥尔顿的《论出版自由》对威权主义的反抗出发,经过"观点的自由市场"与"自我修正的过程",真理会自然留存,政府不能参与这一过程。传媒的自由至上主义理论与政治上的民主原则的发展以及经济上自由企业的扩张相伴行,成为西方文明的指导原则。① 它摧毁了人类思想的禁锢,"尽管存在这么多的质疑,但自由至上主义已经展示出了它在理论和实践上的优势。"②自由至上主义理论在《传媒的四种理论》成书的20世纪受到了彻底的批判,传媒的社会责任理论取而代之。社会责任理论的提出与美国新闻自由委员会的《一个自由而负责的新闻界》密切相关,这一报告指出:"新闻界自身应该承担起责任,提供美国所需要的那种类别、数量和信息的讨论",而公众与政府应该督促媒体履行其责任。③ 在苏联理论中,国家理论与传播理论是一体的,借用列宁的话来说,报刊就是"集体的宣传员、集体的鼓动员……集体的组织者",媒体是国家代表人民所有的物质通信工具,为严肃的目的而服务。④

第二节　超越《传媒的四种理论》：批评、完善与创新

《传媒的四种理论》确立的媒介研究经典范式通过理想化的媒介体制模式给出了自己的答案。后继的研究者并不满足于此,他们在系统总结其不足的基础上,或者试图对四种理论进行批评,或者试图对四种理论进行完善,或者试图在理论框架上进行创新,以实现对《传媒的四种理论》的超越。

一、《最后的权利:重议〈报刊的四种理论〉》⑤:政治哲学视角下的总结与批判

《最后的权利:重议〈报刊的四种理论〉》(下文简称为《最后的权利》)是伊利

① 西伯特,彼得森,施拉姆.传媒的四种理论[M].戴鑫,译.北京:中国人民大学出版社,2008:59.

② 西伯特,彼得森,施拉姆.传媒的四种理论[M].戴鑫,译.北京:中国人民大学出版社,2008:60.

③ 新闻自由委员会.一个自由而负责的新闻界[M].展江,王征,王涛,译.北京:中国人民大学出版社,2004:50-62.

④ 西伯特,彼得森,施拉姆.传媒的四种理论[M].戴鑫,译.北京:中国人民大学出版社,2008:102-103.

⑤《最后的权利:重议〈报刊的四种理论〉》中的《报刊的四种理论》为《传媒的四种理论》的不同译法。

诺伊大学厄本那-香槟分校的尼罗等八位学者在20世纪末对《传媒的四种理论》的批判与扩展著作。《最后的权利》通过对《传媒的四种理论》的批判与反思，解构了其类型学术与意识形态，试图实现对它的超越。[①] 结合20世纪90年代的社会现状，它为"建立一种后继理论"提供了重要参考。

首先，它从《传媒的四种理论》成书的历史背景出发，分析了该书在课程与知识两个方面的优点，并总结了它的理论缺陷、内在矛盾与不足。一方面，《传媒的四种理论》提供了另一种思考新闻出版与社会的方法，并且概括了此前研究所忽视的古典自由主义内部的矛盾；另一方面，"尽管它在表面上与价值无关，这本书依然受某种议程的驱使，这一议程根植于其写作的背景，尤其是利益驱动下的美国私有媒体模式在冷战时期的全球扩张。"[②]尼罗等学者试图指出，所谓的"理论"一词表意不明，在具体论述中又过于简化，因此"《传媒的四种理论》并非真的提供四种理论，它是用四个例子提出一种理论"[③]。此外，《传媒的四种理论》在报刊以外的媒介、传媒的物质性与经济属性等方面以及对自由主义报刊体系等批评上保持了沉默。《最后的权利》指出，该书对绝对自由主义理论和社会责任理论进行温和批判，忽略了结构的问题，认为只从伦理和道德标准的视角下可以更正或改善。[④]

其次，《最后的权利》对四种理论的政治哲学思想进行了详尽的梳理。一方面，集权主义理论是西伯特为了论述自由主义而人为设置的稻草人，"实质上是其绝对自由主义理论的反面，就其本身尚不足以构成一个章节" [⑤]。从古典自由主义到新自由主义、社群主义、平等主义乃至后现代与后结构主义理论的政治哲学思想脉络，展现了自由主义理论的多样性，否定了《传媒的四种理论》对于集权主义与自由主义二元对立的简单描绘。而社会责任论是对20世纪古典自由主义僵局的一种回应，已经被纳入了新闻实践。尽管它看似表明"社区战胜了孤立的个体"，和集权主义、苏联共产主义共同与自由主义模式相区别，却是对现状的肯定。而面临着技术的冲击，社会责任论的有效性更需要重新评价。另一方面，对苏联共产主

---

① 谢金文，王健美.媒介体制研究的基点和进程[J].新闻春秋，2020(3)：87-96.

② 尼罗，贝里，布拉曼，等.最后的权利：重议《报刊的四种理论》[M].周翔，译.汕头：汕头大学出版社，2008：19-20.

③ 尼罗，贝里，布拉曼，等.最后的权利：重议《报刊的四种理论》[M].周翔，译.汕头：汕头大学出版社，2008：33-38.

④ 尼罗，贝里，布拉曼，等.最后的权利：重议《报刊的四种理论》[M].周翔，译.汕头：汕头大学出版社，2008：45.

⑤ 尼罗，贝里，布拉曼，等.最后的权利：重议《报刊的四种理论》[M].周翔，译.汕头：汕头大学出版社，2008：50.

义理论的不公平论述是冷战思维的产物，应“把马克思主义作为一种批判方法的效用同苏联政府制度的优点区分开来”。①

最后，《最后的权利》试图把握传媒规范理论在20世纪末的发展动向。作者从国家、新闻、信息基础结构的角度出发，分析了民族国家的衰落、新闻出版的全球化、报刊的衰落与新型媒介技术的崛起等问题。《最后的权利》最终并没有提出一个规范理论的新图景，没有建立一种后继理论。但是，在20世纪末，它对《传媒的四种理论》进行了系统的分析与批判，为传媒规范理论与媒介体制研究奠定了基础。

二、《比较媒介体制》：在方法论上另辟蹊径

2004年出版的《比较媒介体制：媒介与政治的三种模式》“建立了一个新的里程碑，也为相关经验研究树立了基本的参照系”②。《传媒的四种理论》确立的是哲学式的、规范的研究，其后的研究也基本沿袭这一思路，仅仅试图对四种理论进行修正，提出它所忽略的不同理论模式。③ 不管是“发展理论”“民主参与理论”“民主社会主义理论”还是“三个乐章理论”，实际上都没有突破传统范式的桎梏。④ 相反，在批判的过程中反而将《传媒的四种理论》一书送上了经典著作的宝座。直到哈林和曼奇尼在《比较媒介体制》一书中将实证的方法引入，才真正对传媒规范研究提出了根本的挑战。二人直接指出了这一问题：“聚焦于媒介‘哲学’——或者有人可能称之为媒介‘意识形态’——在我们看来，是《传媒的四种理论》的关键性败笔所在。其实，西伯特、彼得森和施拉姆并没有对媒介体制与社会制度的关系进行经验分析。他们所看到的既不是媒介体制的实际功能，也不是媒介得以运作的社会体制，而只是使这些体制合法化的‘原理或理论’。”⑤因此，他们说：“我们认为，现在是为它举行体面的葬礼，转而发展出基于真正的比较研究的更高级模式的

---

① 尼罗，贝里，布拉曼，等.最后的权利：重议《报刊的四种理论》[M].周翔，译.汕头：汕头大学出版社，2008：156.

② 李红涛.全球媒介体制：从规范理论到比较研究[J].中国传媒报告，2012(4)：4-16.

③ 方振武，韦路.比较媒介体制研究：历史、现状与未来[J].国际新闻界，2021，43(6)：130-146.

④ 展江，王晓梵.从“四种理论”到“去西方化理论”：比较媒介研究的演进[J].上海大学学报(社会科学版)，2008(4)：58-73.

⑤ 哈林，曼奇尼.比较媒介体制：媒介与政治的三种模式[M].陈娟，展江，译.北京：中国人民大学出版社，2012：9-10.

时候了。”①

《比较媒介体制》的研究从规范性转向了经验性，试图建立一个媒介与政治体制比较研究的综合性理论与框架。② 当然，这种方法论的转变并不是绝对的取舍，哈林与曼西尼同样承认，他们对规范性问题并非没有兴趣，也不会完全排除规范的作用。③《比较媒介体制》试图确认那些在西方民主社会发展起来的新闻媒介结构和政治角色的重大变异，并探讨如何说明这些变异的一些想法，思考它们给民主政治带来的结果。鉴于媒介体制在全球范围内的多样性，《比较媒介体制》放弃了面面俱到的做法，将研究对象进行了限制，集中在欧美的 18 个国家进行研究。作者从媒介市场的发展、政治平行性、新闻专业主义的发展以及国家干预媒介体制的程度和性质四个主要维度出发，将上述 18 个国家划分为三组，即对应着三种不同的模式：地中海或极化多元主义模式、北欧/中欧或民主法团主义模式和北大西洋或自由主义模式。地中海或极化多元主义模式以精英取向、发行量较小的报业为特征；北欧/中欧或民主法团主义模式以新闻自由、报业的先期发展和非常高的报纸发行量为特征；北大西洋或自由主义模式以新闻自由、大规模发行、报界的先期发展为特征。

《比较媒介体制》从媒介体制与政治体制关联的维度出发，将《传媒的四种理论》中显得铁板一块的“西方社会”里的媒介体制区分出了三种不同的媒介体制。哈林与曼奇尼在方法论上的革新实现了对经典范式的突破，却没有抛弃规范的价值，反而从经验的视角展现了媒介伦理的独特意义与价值。

三、《传媒规范理论》：规范理论的框架创新

与哈林、曼奇尼二人试图改变规范研究的方法论不同，媒介伦理学家克里斯琴斯等五位学者合著的《传媒规范理论》试图在 21 世纪的特定历史语境中重新提出一套全新的传媒规范理论。他们指出，“一些学者甚至提出应当放弃用新的理论方案来取代原来的四种理论模型。但这并不意味着规范理论的分析路径已经走入了死胡同，也并不意味着规范性研究已经过时，纯粹的描述性研究才是可取的。相

① 哈林，曼奇尼．比较媒介体制：媒介与政治的三种模式[M]．陈娟，展江，译．北京：中国人民大学出版社，2012：10.

② 哈林，曼奇尼．比较媒介体制：媒介与政治的三种模式[M]．陈娟，展江，译．北京：中国人民大学出版社，2012：14-17.

③ 哈林，曼奇尼．比较媒介体制：媒介与政治的三种模式[M]．陈娟，展江，译．北京：中国人民大学出版社，2012：14.

反，规范层面的理论工作在传播研究中依然占据着核心位置”①。在全新的起点上，《传媒规范理论》将此前被压缩在同一层面的哲学传统、政治制度和传媒制度三个层次区分开，关注其各自的逻辑与不同层面的联系。三个层面的不同类型并不是一一对应的，更没有试图穷尽所有的类型（否则将重犯《传媒的四种理论》的错误），它将为未来的讨论预留足够的空间。②

这三个层面是：哲学层面——规范传统：法团主义、自由至上主义、社会责任理论、公民参与理论；政治层面——民主模式：行政（administrative）民主、多元（plural）民主、公民（civic）民主、直接（direct）民主；传媒层面——传媒角色：监测的、促进的、激进的、合作的。他们指出，规范理论的复杂性、相关议题的深刻历史和文化根源以及规范性问题所涉及层面的多样性意味着他们无法提出一个容纳一切问题的整合性框架。但是，哲学、政治与传媒三个分析层次的替代性路径有助于人们更为深刻地理解媒介体制的复杂性。“正是规范理论把哲学解释、民主形式与媒体角色的三个层次联系了起来。”③

第三节　媒介体制研究：全球视野与中国语境

传媒规范理论与媒介体制的研究呈现了社会规范与媒介体制之间复杂而多元的关系，它与所处的社会历史背景密切关联，从 1956 年《传媒的四种理论》诞生之初经历了五个发展阶段。④ 第一阶段，从 20 世纪 50 年代到 60 年代中期，研究以“美国与其他地区”（the U.S. and the rest）为主题，聚焦美国的研究得出对于世界其他地区的普遍结论，《传媒的四种理论》就是这一时期的代表作。第二阶段，从 20 世纪 60 年代中期到 80 年代，研究以“北方与南方”（the North and the South）为主题，重新发现了第三世界国家的踪迹。第三阶段，随着苏联解体，20 世纪 80—90 年代的研究主题转向“西方与西方”（the West and the West），西方媒介体制内部的差

① 克里斯琴斯，格拉瑟，麦奎尔，等．传媒规范理论［M］．黄典林，陈世华，译．北京：中国人民大学出版社，2022：19．

② 克里斯琴斯，格拉瑟，麦奎尔，等．传媒规范理论［M］．黄典林，陈世华，译．北京：中国人民大学出版社，2022：19-20．

③ 克里斯琴斯，格拉瑟，麦奎尔，等．传媒规范理论［M］．黄典林，陈世华，译．北京：中国人民大学出版社，2022：38．

④ VACA-BAQUEIRO M T. Four theories of the press：60 years and counting［M］. New York：Routledge, 2018.

异受到重视。第四阶段,在21世纪的前十年,全球化的进程将研究主题聚焦于"西方与全球"(the West and the Global),对比较媒介体制研究的兴趣加强,并质疑基于少数西方国家得出的结论的普遍性。第五阶段,在2010年之后,研究主题转向"同质化及其批判"(homogenisation and its critiques),更加关注政治制度与媒介体制的结构、动态组织、管理以及历史。

在传媒规范理论与媒介体制研究半个多世纪的发展变化中,有一条始终不变的线索,即普遍性与特殊性。《传媒的四种理论》在冷战的背景下建立了自由主义与威权主义的二分法,并试图将四种理论发展为具有普遍性的理论框架。此后的学者以此为蓝本,将东欧与苏联地区、亚非与阿拉伯地区、拉丁美洲等地区纳入视野,对四种理论的框架修修补补,却没有脱离这一藩篱。① 在去西方化的过程中,《比较媒介体制》以描述性研究重新诠释了西方内部的差异,将思路进一步拓宽。伴随着全球化与媒介技术的发展,各国媒介体制又出现了"世界性的媒介趋同现象",比较媒介研究的意义因此受到质疑。可以说,以区分为目的的类型研究总是导向困惑②,要破除这一迷思,正是把研究的视野从无意义的区分转向媒介体制与社会规范之间的关系。

从历史制度主义的视角来看,中国的媒介体制变迁"是一个演化的过程,也一个历史情境渐次展开的过程"③。1978年中国媒介体制的改革既是对旧模式的扬弃,也是对新媒介制度的再造,它延续了晚清以来媒介体制的演变过程。在全球视野中,以中国这一国家为单位来研究传媒规范理论与媒介体制,面对的是一个丰富多元并且具有内在张力的历史文化聚合体。它不仅内在积淀了中国传统文化的观念价值与意识形态,还在"冲击—调整—适应"以达到平衡的过程中吸收了马克思主义、市场取向及社会责任理论等不同的规范。在改革开放以来的商业化与市场化进程中,社会转型加剧了内部复杂的冲突与流变,而新兴媒介技术的发展更是对社会产生了全方位的冲击,为理解传媒规范理论与媒介体制的困难增加了一重因素。

总之,传媒规范理论与媒介体制研究是理解媒介伦理的一个重要方面,更是理解转型期中国媒介体制的一个重要视角。所谓媒介伦理,不仅是哲学传统、政治制

---

① 贺程.《报刊的四种理论》后媒介规范理论的发展研究[J].国际新闻界,2012,34(5):32-37.

② VACA-BAQUEIRO M T. Four theories of the press: 60 years and counting[M]. New York:Routledge, 2018: 26-27.

③ 潘祥辉.媒介演化论:历史制度主义视野下的中国媒介制度变迁研究[M].北京:中国传媒大学出版社, 2009.

度以及传媒综合作用下的结果，更深刻规范着传媒业的日常实践，发挥着重要作用。转型期中国的市场化进程叠加新型媒介技术的发展，使传媒出现了娱乐化、商业化乃至同质化等问题，提供了重新思考伦理问题的契机。① 这既是社会规范变化的结果，也同样需要媒介伦理发挥作用，正本清源。

思考题

1. 媒介体制如何影响媒介伦理？
2.《传媒的四种理论》提出了哪些规范理论？你如何评价这一分类？
3.《比较媒介体制》概括了媒介与政治的哪三种模式？

① 年度传媒伦理研究课题组，刘鹏，王侠，等.2021 年传媒伦理研究报告：暨 2021 年虚假新闻研究报告[J]. 新闻记者，2022(1)：3-18.

第五章　客观公正与事实真相

第一节　数字化浪潮下的新闻业

2020年,新华社联合搜狗公司推出了全球首位3D版AI合成主播“新小微”。相较于真人主播而言,新小微能够根据输入文本配合对应的表情和肢体语言来进行及时、准确的新闻视频播报,从而提升新闻播报效率;①除了AI合成主播,VR新闻也是另一类新样态。2015年11月,《纽约时报》作为先驱发布了一则VR新闻《流离失所》,通过360度全景式报道展现了3个孩子在战火纷飞的背景下流离失所的生活。② 随后,国内媒体也进行了一系列VR新闻的尝试,比如2017年央视网在品牌栏目《两会新视角》中首次采用了VR技术对全国两会进行新闻报道。③

在以上新现象拓宽人们眼界、丰富人们感官体验的同时,一些在传统新闻业时期从未想象过的新议题也开始引发讨论:AI主播相较于真人主播而言,新闻的播报质量是否会下降?AI主播是否同样存在“算法黑箱”、导致“算法歧视”从而影响新闻真实?④ VR新闻是否在一定程度上模糊了虚拟与真实的边界,这样一来,以往确立的新闻客观和真实性原则在VR技术中还适用吗?⑤

---

① 新华社.全球首位!3D版AI合成主播亮相新华社[EB/OL].(2020-05-21)[2023-03-05].https://mp.weixin.qq.com/s/u9oMoSKXsZEfu13qZ8qOmg.

② 纽约时报中文网.《纽约时报》推虚拟现实应用,身临其境看新闻[EB/OL].(2015-11-06)[2023-03-05].https://cn.nytimes.com/lifestyle/20151106/t06vr-for-push/.

③ 央视网.两会在你眼前:央视网《两会新视角》全程可视化报道两会[EB/OL].(2017-03-03)[2023-03-05].https://mp.weixin.qq.com/s/sbJVW-FibeH88jzqPsKQnA.

④ 张莎莎.人工智能时代AI主播的伦理审视和风险规避[J].当代电视,2022(5):84-87.

⑤ 尤红.VR新闻的重构特征与伦理风险[J].现代传播(中国传媒大学学报),2020,42(4):51-55.

如果说AI主播和VR新闻带来的是喜忧参半的追问，那么另一些新技术的使用则为新闻业带来了更多的隐忧。首当其冲的是深度伪造（DeepFake）技术，深度伪造技术可追溯至2017年12月，一名Reddit用户通过深度神经网络进行人脸造假，伪造了一众好莱坞明星的色情视频，自此以后，深度伪造技术在视觉媒介中的应用开始兴起。[①] 无独有偶，2023年2月16日，一则人工智能ChatGPT炮制假新闻的消息引起公众关注，一位业主利用ChatGPT撰写了一篇"杭州将在3月1号取消机动车尾号限行"的虚假消息，并散布在了小区业主群内，经由他人转发，导致不实信息传播。[②] 深度伪造技术和人工智能ChatGPT对于新闻内容真实的冲击已经初现端倪。

由此可见，日新月异的数字技术浪潮改变了传统新闻环境，为新闻业注入活力的同时，也带来了新问题。所以，重回新闻学的基本命题，再思考"新闻真实"和"客观公正"在信息技术加速迭代背景下的发展极有必要。

第二节　历久弥新的命题：新闻真实与客观公正

一、事实、真相与新闻真实

"真实是新闻的生命。"新闻真实在揭露事实与真相、保障新闻生命力的过程中起着重要作用。人们对于新闻真实的看法，指导着具体的新闻实践。

沃尔特·李普曼在《舆论》中区分了新闻与真相的概念，认为新闻在于突出事件，真相在于揭露隐藏事实，只有当社会状况可以被辨认和检测时，真相和新闻才会重叠。[③]陈力丹提到，新闻真实是事实的真实，新闻是事实的叙述，但叙述不完全等同于事实，新闻是一个过程。[④]

在以上表述中，存在着三个容易混淆的关键概念：事实、真相、真实。杨保军对此做了专门论述以厘清其内涵和关系。事实是存在论概念，指实际发生和存在的

---

① 全媒派.斯坦福"深度伪造"研究6点总结：媒体如何应对猝不及防的"合成"[EB/OL].(2019-06-28)[2023-03-05]. https://mp.weixin.qq.com/s/B4LzDuJVU72K3AhTTuCRpQ.

② 红星新闻.快评丨ChatGPT写假新闻惊动警方，谣言该如何止于"智"者？[EB/OL].(2023-02-17)[2023-03-05].https://baijiahao.baidu.com/s?id=1758074201046449046&wfr=spider&for=pc.

③ 李普曼.公众舆论[M].阎克文，江红，译.上海：上海人民出版社，2002.

④ 陈力丹.新闻理论十讲[M].上海：复旦大学出版社，2008.

事物状态或状况;真相作为现象概念下的二级概念,指真实地表现了一定对象的实际情况或本质现象,与“假相”相对;而真实是认识论概念,如果作为结果的认识与认识的对象相符,那么认识就是真实的。按照该论断,新闻真实指的就是新闻与所报道对象的符合性及其符合程度。三者有所区分却又紧密联系:新闻真实的本源是事实,事实是检验新闻真实性唯一的和最终的标准;但事实由真相性事实和假相性事实共同构成,不一定都是真相;新闻真实的最高境界要与真相符合。①

用轰动一时的“华南虎照片真伪事件”能更好地说明以上三者之间的关系。2007 年 10 月 12 日,陕西省林业厅对外宣布,当地农民周正龙拍到了野生华南虎的照片,消息一经发出,国内各大媒体纷纷进行报道,但华南虎的照片最终经过国家权威部门鉴定,被证实照片拍摄自虎画,画中并非活老虎。②

在该事件中,各大媒体的报道在前,关于虎照的真相在后,那么能说各大新闻媒体违背了新闻真实吗?显然不能下如此定论。在事件发生之初,“陕西省林业厅对外宣布当地农民拍到了野生华南虎照片”,这的确是事实;各大媒体援引官方权威部门信源,按照与事实相符合的方式进行了报道;在可信信源的“背书”下,人们相信“出现活的野生华南虎”就是真相,但眼见不一定为实,后期表明照片系虎画的证据出现,真相发生了反转,而各大媒体随后跟随着官方步伐和社会反应进行了报道,及时回应舆论关切,因此不能简单地否认媒体报道在此次事件中所呈现的新闻真实性。

由上述案例还可引申出,新闻真实是一个动态的过程,也是一个“去伪存真”的过程。③ 我们可以从具体真实和整体真实的两重含义来进一步理解新闻真实:一方面,具体真实要求每一个单篇的新闻报道都必须完全符合新闻事实,即要符合事实的准确性,这又可以细化为两个方面的具体要求:其一,5 个“W”必须要完全真实可靠;其二,要能准确地、客观地概括事实,反映全貌。另一方面,整体真实又可以拆解为宏观上和微观上的新闻真实,从宏观来看,指新闻要呈现出目标报道领域新闻事实的整体图景,从微观来看,新闻需要反映具体新闻事实的整体面目。整体真实相对具体真实而言实践起来有更大难度,这就需要整个新闻报道应当注重相关新闻传播主体的有机互动,针对复杂新闻事实形成过程性报道机制,从而力求

---

① 杨保军.事实 · 真相 · 真实:对新闻真实论中三个关键概念及其相互关系的理解[J].新闻记者,2008(6):61-65.

② 周勇.网络传播中的“马太效应”:关于华南虎照片真伪事件的实证研究[J].国际新闻界,2008(3):51-56.

③ 陈力丹.新闻理论十讲[M].上海:复旦大学出版社, 2008.

展开真实社会图景，全面准确地反映客观实际。① 这两种真实，既不能割裂，也不能混同，只有具体真实和整体真实兼具，人们才有理由肯定一篇报道的新闻真实性。

除此之外，有必要在此介绍另一组相似的重要范畴：现象真实与本质真实。现象真实，与具体真实类似，强调新闻5W要素的准确无误，是对事实的叙述；本质真实，与整体真实类似，意在抓住本质，揭露真相。这两个概念来源于哲学，后被引入新闻学范畴。以往关于新闻真实论中两者之间的关系存在诸多论断，大致可分为三类：对“本质真实论”持否定意见者、对“本质真实论”持肯定意见者以及坚持现象真实和本质真实的协调统一，②目前学界和业界中的大多数较为认同第三种看法。

近年来，新闻真实与客观的实现问题在情绪先行、假新闻泛滥的“后真相”时代遭到拷问，学界和业界的应对措施在于重提事实核查制度。

事实核查制度出现在20世纪20年代，新闻机构在报道刊发前会对报道内容的真实性进行核查，但在90年代之后逐渐被专业新闻生产机构削减，直到近几年，才重新得到关注。③ 2014年，美国新闻学会（API）给出了事实核查新闻（fact checking journalism）的定义：“事实核查新闻以政客和影响他人生活与生计者为对象，由事实核查人员对上述人士（发表或被记录在案的）调查可验证的事实，其工作独立于党派、利益和游说。事实核查的目的是向用户提供清晰的、经过严格核查的信息，以帮助用户运用事实，在投票和其他必要的场合做出基于事实判断的选择。”④

从“事实核查制度”到“事实核查新闻”，事实核查逐渐演变为一种独立的新闻体例，此种转变体现出以下几个特征：从主体上看，由专业的新闻从业者增加到了更多的普通公民；从时间上看，由新闻发布前增加到新闻发布之后；从结果上看，由新闻业的自查自纠转向面向更广泛的公众。⑤ 伴随事实核查新闻的兴起，全球专业事实核查技术机构增加，自动事实核查技术得到发展，一般而言需要从新闻的来

---

① 杨保军.准确理解新闻的“整体真实”[J].新闻界，2020（4）：35-42，5.

② 郑保卫.对新闻真实理论中两组概念的解读[J].新闻战线，2007（6）：49-51.

③ 李希光，吴艳梅.“后真相”时代的事实核查新闻：发展与局限[J].全球传媒学刊，2018，5（2）：52-75.

④ ELIZABETH J. Who are you calling a fact checker? American press institute [EB/OL]. [2023-02-03]. https://www.americanpressinstitute.org/fact-checking-project/fact-checker-definition/.

⑤ 周炜乐，方师师.从新闻核查到核查新闻：事实核查的美国传统及在欧洲的嬗变[J].新闻记者，2017（4）：33-42.

源、内容、传播网络等特征入手进行自动核查。① 目前典型的事实核查平台包括华盛顿邮报的"Truthteller"和腾讯新闻旗下的国内首个事实查证平台"较真"。

二、从客观性、公正性走向透明性

新闻客观性是新闻报道的基本原则之一,与新闻真实密不可分。

客观性的理念渊源可追溯至19世纪的美国大众化报纸时期。1896年,奥克斯在接管《纽约时报》时明确提出三点要求:高尚的新闻政策、独立公正的评论以及正确详尽的新闻资料;1900年,美联社社长梅尔维尔·斯通提出了"报道事实而不发表自己意见"的宗旨,这是第一次以传媒"社训"的方式明确提出了客观性原则,并得到了新闻界的响应。在这样的环境之下,新闻界逐渐形成了一种认识,即"像科学那样去描述事实,就等于反映并透视了社会的真相"。20世纪20年代之后,新闻的客观性原则正式被明确。②

客观性理念的出现并非偶然现象,而是有着经济、文化、技术等多方面的历史根基。第一,从19世纪中叶开始,商业报刊逐渐取代政党报刊,占据了主导地位。商业报刊脱离了政党的控制,经济上的相对独立使报业进入了平等竞争时期,为了获取更高的广告收入,商业化报刊需要考虑如何让具有不同观点的人最大限度地接受报刊提供的新闻,因此,出于经济利益的考量,带有中立色彩的客观公正的报道出现,客观公正原则也在后来的实践中逐渐被确立为新闻专业主义规范;③第二,19世纪以来的启蒙运动呼唤理性与知识的回归,哲学认识论关于事物可知的信念得到确认。18世纪流行一时的"不可知论"宣扬人是不可能完全认识事物的,但在后来,反对"不可知论"的观点认为,人类是可以通过努力认识世界的,启蒙主义的真相观认为,真相不仅能够被感知,而且人对真相的最终领悟是可以重复的。这种哲学理念的变化,也同样反映在了新闻工作者的职业理念变化之中。第三,当时照相机、电视、电影等媒介技术的出现,进一步支持了客观性理念:"19世纪后半叶那种对现实精确、准确并能被广泛辨认的照相式复制理念,影响了后来的新闻客观性。"④

以上种种因素推动着新闻客观性最终成为新闻行业的规范延续了下来。

---

① 李希光,吴艳梅."后真相"时代的事实核查新闻:发展与局限[J].全球传媒学刊,2018,5(2):52-75.

② 曾庆香,姜秋俊.演进、争论与在地化:对新闻客观性原则的再认识[J].青年记者,2022(6):9-12.

③ 陆晔.美国新闻业"客观性法则"的历史演进[J].新闻大学,1994(1):51-54.

④ 黄旦,孙藜.新闻客观性三题[J].新闻大学,2005(2):10-16.

陈力丹从职业理念和操作规范两方面对客观性原则的定义做了总结，这也是学界广为认可的观点。一方面，作为职业理念的客观性，即传播主体在报道新闻事实时，要超越自己的爱好和兴趣，特别是自己的利益需要，将新闻事实的实际面目反映出来。包括：(1)诚实；(2)超脱、平衡、公正地对待事物；(3)无党派色彩、不抱成见或持偏见、不固执己见；(4)不牵扯个人利益；(5)只相信事实，努力将事实与价值判断两者分开。另一方面，作为操作规范的客观性，即对客观报道新闻的具体要求，核心是把事实和意见相分离。包括：(1)将事实与意见(包括价值判断)分开；(2)以超脱情感的中立观点表述事实(用中性词表述事实)；(3)努力做到公平和平衡，为事实涉及的各方和受众提供对话的可能(呈现正反两方面的意见)。①

如果违背了以上原则，就有可能产生误读与偏见，为当事人带来身心伤害，在信息传播时效性大大提高的当下更是如此。一个典型的负面案例是2022年《新京报》对“刘学州寻亲事件”的报道。《新京报》作为老牌专业媒体，却在一篇报道中多处违背了客观、公正、真实原则。第一，《新京报》用大量的篇幅展现了刘学州生母一方的说辞，违背了平衡报道的原则；第二，报道存在未进行事实核查、表达不准确的问题。《新京报》对于刘学州生母所称的“借钱给刘学州去三亚旅游……被要求为其购房”等细节并未经过刘学州确认就刊发了出来，而“要求购房”这一细节正是刘学州遭受网络暴力的引爆点之一；第三，刘学州本人在微博指出报道中的不实之处后，《新京报》也并未及时联系刘学州进行确认，对报道进行后续的处理。种种操作看来，正是因为《新京报》罔顾专业媒体的职业伦理，漠视当事人的身心健康，才会任由一篇严重失实的新闻报道流入公众视野之中，最终对当事人造成了极其恶劣的社会后果。

在新媒体环境下，去中心化和实时化的传播方式使平衡、公正等客观报道方式极易被受众检验和质疑，于是，2001年西方研究者正式提出“透明性原则”。“透明性原则”成为一种“新的客观性”，强调媒体新闻生产全过程和全方位的透明化，可从不同角度划分为“公开式透明”“参与式透明”“行动者透明性”“对话透明性”等。② 海基·海克拉按照新闻生产的过程对上述的透明性实践做了分类，认为新闻生产前，行动者透明性应当做到公开媒体所有权信息、使命宣言、规范与准则，提供记者的档案；新闻生产中，过程透明性要求提供报道者身份及署名信息、对信源做精确链接、开设编辑室博客、与公众协同合作报道；而在新闻生产后，媒体的回应

① 陈力丹. 新闻理论十讲[M].上海：复旦大学出版社，2008.

② 曾庆香，姜秋俊.演进、争论与在地化：对新闻客观性原则的再认识[J].青年记者，2022(6)：9-12.

性需要做到设置“纠错”按钮、设立公评人、允许在线评论、使用社交媒体与公众交流等。①

总而言之，从“客观性”“公正性”到“透明性”原则的演变，标志着新闻业的职业伦理规范始终能在时代变革与语境变迁时不断得到重生与自我修正，新技术带来挑战的同时，也为新闻客观性注入了更多的想象力和生命力。

第三节　新技术与“后真相”时代真实客观的伦理议题

一、新闻真实与新闻真实观的再讨论

新闻真实作为新闻学中的“元概念”或“元话语”，是建构新闻学知识体系的根基。② 因此，无论是学界还是业界，对于新闻真实的讨论始终是历久弥新的核心议题，研究者们在看待和评价新闻真实方面存在观念分野，也就形成了不同取向的新闻真实观。正如杨保军所述：“新闻真实观是对新闻真实根本而系统的看法”，具体而言，新闻真实观包含了“新闻真实”是什么、又应该是什么、如何实现“新闻真实”几个方面。③

何为“新闻真实”？既有的主流观点认为新闻真实在于现象真实与本质真实的统一、具体真实与整体真实的统一，与之相似的几组概念还有微观真实与宏观真实、个别真实与总体真实。在此基础上，研究者展开了更细致的讨论。杨保军指出，新闻中的“现象真实”可以一分为二为“真相真实”和“假象真实”，相对而言，“假象真实”是指一种将具有现实根据的事实呈现为假象的特殊性事实。④ 虞鑫在杨保军的划分基础上，又进一步将新闻真实划分为四种类型：单一的真相、语境的真相、事实假象以及单一的假象。在这一新闻真实的认知框架中，“语境真实”的提出强调了社会语境作为辅助性条件的必然性和其作为告知义务的必要性。⑤

伴随着“后真相”时代的到来，部分研究者认为，“假新闻”的增多表明，建立在

① 夏倩芳，王艳.从“客观性”到“透明性”：新闻专业权威演进的历史与逻辑[J].南京社会科学，2016(7)：97-109.

② 杨奇光.新闻真实观的历史流变、数字面向及其研究进路[J].新闻与写作，2022(7)：5-13.

③ 杨保军.当代中国新闻真实观的变迁、走向及内在规律[J].新闻大学，2022(1)：59-71，122-123.

④ 杨保军.简论新闻的真相真实与假象真实[J].国际新闻界，2005(6)：53-56.

⑤ 虞鑫.语境真相与单一真相：新闻真实论的哲学基础与概念分野[J].新闻记者，2018(8)：30-37.

传统新闻真实性理念上的旧有新闻秩序难以维系。[①] 近几年来,研究者们纷纷跳出传统的哲学视角,从不同角度提出"新闻真实"的新概念。

国外研究者舒德森指出,新闻真实不过是一种"增强现实",即新闻记者只能提供置于某类框架下的现实。[②] 国内研究者操瑞青认为,在认识论意义上,"新闻真实"是一种"假设真实",换言之,受众无法从认识论层面完全了解新闻是否真实从而只能进行假设,但假设的现实根基及其基本特征不断拷问着报道的社会合法性,这样一来,力求"新闻真实"就成为媒体追寻合法化地位的内在要求,并被转化为了媒体的职业伦理准则。[③] 除此之外,还有研究者提到学界形成了若干围绕新闻真实的"XX 真实"类阐释语簇,并从媒介技术、认知心理、权力关系三个层面分别提出了"体验真实""收受真实"以及"协商真实","新闻真实"被理解为"协同再造社会集体理性的积极因素"。[④] 还有研究者探讨"目击"的真实性策略,从实践层面补充了长期以来对新闻真实性的理论争辩与思考,[⑤]以及从受众角度出发的"信任性真实",即受众所相信的真实。[⑥]

如何实现新闻真实？对于该问题,不同的新闻真实观中有不同的实践指导面向。杨保军认为中国新闻真实观的流变中包含一条贯穿主线和两大历史分期。在当代中国新闻业中,贯穿的主线是马克思主义新闻真实观,即完全立足于事实、从事实出发描写事实,在此基础上,形成了当代中国新闻业的"统一真实观",这就要求做到部分与整体、特殊与普遍、微观与宏观、现象与本质多个统一。

此外,该研究还指出,当代中国新闻业可划分为"传统新闻业时代"和"后新闻业时代"。"传统新闻业时代"奉行"报道真实观(传播真实观)","后新闻业时代"则开启了从多元主体角度形成的"有机真实观",面向未来的新闻真实观则体现为一种"全程真实观"。[⑦] "有机真实观"这一概念来源于马克思的"报刊有机运动"理论,倡导新闻真实来源于收受主体的"收受真实"共同作用,具体而言,在我国的

---

① WAISBORD S. Truth is what happens to news: on journalism, fake news, and post-truth[J]. Journalism studies, 2018, 19(13): 1866-1878.

② 舒德森,周岩.新闻的真实面孔:如何在"后真相"时代寻找"真新闻"[J].新闻记者,2017(5):75-77.

③ 操瑞青.作为假设的"新闻真实":新闻报道的"知识合法性"建构[J].国际新闻界,2017,39(5):6-28.

④ 杨奇光,周楚珺.数字时代"新闻真实"的理念流变、阐释语簇与实践进路[J].新闻界,2021(8):12-20.

⑤ 王敏."目击"即真实？——一项关于新闻"真实性"的实践策略考察[J].国际新闻界,2020,42(11):119-135.

⑥ 李唯嘉.如何实现"信任性真实":社交媒体时代的新闻生产实践——基于对 25 位媒体从业者的访谈[J].国际新闻界,2020,42(4):98-116.

⑦ 杨保军.当代中国新闻真实观的变迁、走向及内在规律[J].新闻大学,2022(1):59-71,122-123.

新闻实践中，需要党和政府、新闻媒体以及受众共同参与，才能使得新闻真实不断与事实、真相接近。①

二、技术迷思与真实重构

技术如何影响新闻真实？如何处理技术与真实的关系？对此，不同研究者给出了各自的回答，大致可分为一般性学理和具体性实践两方面。

从学理角度出发，研究者姜华首先对当下的新闻业提出了新的定义，认为非人类实体要素如大数据、人工智能等技术簇的注入使当代新闻业成为一种杂合体新闻业，而在杂合体新闻业中，相较于以往以人为主体的传统新闻业，真相与新闻真实的展现视角更为立体多元，杂合体新闻业中的复杂性真相，超越了以往的单一真相。复杂性真相，得益于非人类实体要素在真相揭示、新闻真实呈现中的突出作用。但是，杂合体新闻业的这些新现象、新特质，同样也消解着新闻真实。首先，三重"液化"使新闻真实的实现更加困难。所谓三重"液化"实践：一是将传播过程中流散的新闻加以整合、加工为新报道并传播，二是既有新闻作品被其他平台、社交媒体和个体加入个人视角衍生出"新"的新闻作品，三是针对职业化的传统新闻机构的新闻生产，非职业机构和个体会提出质疑、补充和完善。其次，现实与虚拟的边界更加模糊，真相的多面体棱镜特征愈加显著。最后，权威与信任的转化，使新闻真实性的达成面临信任危机。这种信任危机不仅体现为公众对新兴新闻业（社交媒体、平台、自媒体等）的不信任，也表现在公众对传统新闻业的不信任上。面对技术带来的变化，如何追寻到"真实与真相"？对此，研究者呼唤要将"新闻真实"看作一种意义生成的过程。②

另一种代表性观点由研究者白红义、王嘉怡提出，他们从认识论的角度出发，从新闻记者如何生产、验证新闻以及新闻受众如何接受和验证新闻的维度梳理了新闻真实在数字时代被消解的过程。首先，传统新闻业内部对于"真实"的宣称被重新塑造了。这包括两种情况：传播权力的下放使普通民众开始挑战真实权威，争取"真实的标准和谁决定这些标准"的定义权，以及新闻业内部出现了主动模糊真实边界的情况。其次，新闻真实的生产变得更为困难，这是由于多元主体进入传播格局中带来的爆炸式增长的信息，在此过程中，信源的模糊、技术的造假使真相更加难以辨认。最后，受众对真实主张的态度也发生了变化，"后真相"概念的提出，

---

① 张斯充.新闻真实：基于报刊的有机运动的思考[J].青年记者，2022(22)：105-107.

② 姜华.复杂真相与意义生成：论杂合体新闻业的新闻真实及其实现[J].新闻界，2022(5)：15-26，39.

似乎昭示着用户在关心真相之前,更容易被假新闻吸引,滋生情绪传播;除此之外,受众对新闻业的信任度逐渐降低,“信任性真实”缺失的背后是受众难以区分信源从而造成“新闻媒体失格”的泛化印象与部分记者媒体新闻职业道德失范的共同作用。①

从具体实践层面出发,不少研究者结合具体的技术案例,分析了技术带来的真实重构问题。刘海明、付莎莎认为,AI 合成主播会使人的身份认同错位;深度伪造技术被用来炮制虚假内容、制造新闻事件;VR 新闻、沉浸式新闻营造虚拟现实场景,对受众造成新闻真实的感官紊乱。为了平衡技术与真实的关系,研究者提出应当“框定技术发展的边界,重塑新闻伦理的城墙”②。

总体而言,技术存在着建构与消解新闻真实的双重作用,需要提出新的秩序、规则以平衡技术与新闻真实之间的关系。

三、情感、事实与后真相(Post-Truth)

后真相(Post-Truth)一词最早可追溯到 1992 年,美国《国家》杂志用该词概括诸多重大政治事件如“水门事件”“海湾战争”的共同特征,直到 2016 年,英国脱欧公投、特朗普当选美国总统等一系列“黑天鹅事件”出现,③同年,“后真相”一词的使用率增长 2000%,并被牛津词典选为“2016 年度英文词语”,意为“诉诸情感及个人信念,较陈述客观事实更能影响舆论的情况”。④ 换言之,真相变得不那么重要了,比起了解真相,人们更容易被情绪、情感和观点吸引。

在“后真相”语境之下,有关情感与理性、情感与真相、情感与公共领域的讨论逐渐增多。⑤ 传统的新闻客观性理念往往拒绝情感对新闻业的参与,认为情感会危害新闻的客观、理性和公正。郭小安通过对西方民主选举和中国公共舆论的分析,指出情感并非与理性、事实对立,相反,情感也可被视为一种社会动员和社会整合的资源。⑥ 袁光锋认为,纳入情感反而能够为好的新闻业提供更为坚实的基础。

---

① 白红义,王嘉怡.数字时代新闻真实的消解与观念重构[J].新闻与写作,2022(7):14-25.

② 刘海明,付莎莎.技术的界碑:人工智能对新闻真实的伦理挑战[J].现代传播(中国传媒大学学报),2019,41(9):76-81.

③ SISMONDO S. Post-truth? [J]. Social studies of science, 2017, 47(1): 3-6.

④ OXFORD L J. Word of the year 2016[EB/OL].[2023-02-03].Retrieved from https://languages.oup.com/word-of-the-year/2016/.

⑤ 郭小安,胡佳思.后真相研究的中外对比分析及反思[J].全球传媒学刊,2021,8(2):132-151.

⑥ 郭小安.公共舆论中的情绪、偏见及“聚合的奇迹”:从“后真相”概念说起[J].国际新闻界,2019,41(1):115-132.

新闻业在服务民主政治之外，还可以致力于公民的情感教育，培养优良的公共情感。① 除此之外，张子铎也提到，应当“将情感引入媒体公信力的建设机制中，用情感建构公众认知和行动”②。

2016年，“后真相”一词实际上将情感与真相对立了起来，此种关系取向也蔓延到了后续的学术研究中。有研究者对国内外关于“后真相”的研究做过统计分析，发现国内研究者聚焦网络舆论和政治传播等维度，而国外研究者主要围绕假新闻、情感、民主、社交媒体、特朗普和真相等议题展开；③国内研究者大多从政治传播出发，倾向于将情感视作真相的对立面，认为在“后真相”舆论生态中，事实会逐渐让位于情感、观点与立场。④

随着研究的深入，肖珺、杨家懿提出了不同的看法：“后真相”并不等于对真相的简单否定，而是承认事实之外的其他因素对于真相的影响。情感与真相也并非简单对立，情感蕴含的对内部或外部的感官反应会同时建构真相，这种建构表现在以下几个方面：当下对于真相的追求由“单一真相”转向“多元真相”，当情绪作为一种叙事方式时，个人情感的表达会不断催生多元真相的形成、推动传播议题的持续发酵。此外，新闻生产转向参与式建构，而情绪、情感已经成为事实和真相循环中重要的影响因素。⑤

综上所述，情感与事实、真相之间并非非此即彼、黑白对立的关系，我们更应将情感、情绪置于确立“新闻真实”的动态过程中来考察，同时摒弃以往的“单一真相观”，针对“多元真相观”的不同面向做具体分析。

第四节　追寻真相、报道事实是媒介伦理永恒的价值追求

传媒业作为社会中的“传声筒”，承担着传递信息、影响舆论的重要角色，需要将求实求真视为己任，将新闻真实与客观视为工作实践中的职业准绳。在传统新

① 袁光锋.情感何以亲近新闻业：情感与新闻客观性关系新论[J].现代传播（中国传媒大学学报），2017,39(10)：57-63,69.

② 张子铎.拥抱情感：新闻真实与公信力的再反思[J].青年记者，2020(11)：26-27.

③ 郭小安，胡佳思.后真相研究的中外对比分析及反思[J].全球传媒学刊，2021,8(2)：132-151.

④ 史安斌，杨云康.后真相时代政治传播的理论重建和路径重构[J].国际新闻界，2017,39(9)：54-70.

⑤ 肖珺，杨家懿.情感与真相：“后真相”传播观念的文化转移[J].新闻与写作，2021(8)：12-21.

闻业环境中,人们对于真实性的认识更多从哲学认识论视角出发,强调现象真实和本质真实的统一、具体真实和整体真实的统一,奉行的是以新闻从业者为主体的报道真实观,对客观性的原则认识更多基于西方主客二分的哲学立场提出,认为应当努力做到事实与价值分开,理性与情感分开。

随着"后真相"时代的来临,"第三种现实"在传播中使真相与假象日益难以辨认,加之新媒介技术如 AI 主播、VR 新闻带来新的具身化传播方式,现实与虚拟的界限不再泾渭分明,衍生出虚拟与现实的新问题,这就要求中外学者在新情境下再思新闻客观与真实。

纵观业界实践和学界探讨,我们会发现新闻客观性和真实性在新的语境下通过对其自身概念、理论和实践方式的重新认识,进行了自我修正。从概念演变来看,从"客观性"到"透明性",强调了新闻生产全过程全方位需要更加公开化透明化,而要落实"透明性",重提事实核查制度,发展事实核查新闻就成为新的操作要求;从理论认识来看,从"事实真实"到"语境真实",需要新闻媒体在报道事实的同时,也要提供所处的社会语境和价值判断标准;①从实践方式来看,从传统的"报道真实观"到当下的"有机真实观"乃至未来的"全程真实观",昭示出新闻真实不再是新闻业的自查自纠,而是注重新闻业内外多元主体的共同参与、新闻生产全流程的查验核实。种种应对策略,体现了数字化浪潮之下新闻业对于求真求实的坚守。

语境的变迁同样也带来了媒介技术与新闻真实,情感与事实、真相关系的再讨论。技术对于新闻真实存在着建构与消解的双重作用,单靠技术拥有者本身的道德制约并不可行,需要外部的法律法规与职业规范来避免技术的滥用;情感与事实、真相也并非二元对立,情感可以作为一种社会动员的资源,引导公众舆论持续关注特定议题,推动新闻报道不断接近事实、真相,但情绪与公众舆论的交织过程复杂多变而难以预测,需要谨慎对待。

总体而言,一方面,新闻业应当奉行一种有机真实观,强调多元新闻生产、新闻传播主体之间的有机互动,在一定过程中共同呈现、塑造、建构出新闻真实;②另一方面,更应将情绪、情感置于确立"新闻真实"的动态过程中来考察,根据不同时期的社会语境调整新闻报道的不同呈现方式,平衡好感性与理性、虚假与真实之间的关系。

---

① 虞鑫.语境真相与单一真相:新闻真实论的哲学基础与概念分野[J].新闻记者,2018(8):30-37.

② 杨保军.新媒介环境下新闻真实论视野中的几个新问题[J].新闻记者,2014(10):33-41.

思考题

1. 什么是“后真相”？其出现的原因有哪些？
2. “事实核查新闻”的出现有什么意义？
3. 如何理解新闻客观性原则在不同时代背景中的嬗变？

第六章　保守秘密与信息公开

第一节　从报刊到互联网：变化的媒介、不变的矛盾

1967 年，美国前国防部长麦克纳马拉授权一个越南战争历史专题组编写了一份有关越战演变问题的历史总结报告，即“五角大楼文件”。这份报告内容丰富，涵盖了越战前后 30 年历史，使用了大量的机密文件材料。为了揭露美国在越事实，推动越战结束，“五角大楼文件”编写者之一的丹尼尔·埃尔斯伯格违反保密规定，私下复印了整套文件，并先后将文件泄露给《纽约时报》《华盛顿邮报》及其他有影响力的报纸。文件刊载后在美国引起轰动，民众的反战情绪更加强烈。在“五角大楼文件”被新闻媒体刊载曝光的同时，尼克松政府试图阻止文件泄露，先后起诉了《纽约时报》和《华盛顿邮报》。政府与两家报社诉讼的核心问题就是秘密文件的公开是否会对国家安全造成影响，知情权与新闻自由能否成为泄露秘密文件的理由。两案最终都上诉至最高法院且并案处理，成为有史以来第一个涉及国家安全问题的新闻出版自由案件。最终，美国最高法院以 6∶3 的比例判决尼克松政府败诉，并要求取消对《纽约时报》的禁令。泄露“五角大楼文件”的埃尔斯伯格在被政府以“泄露国家机密”等罪名起诉后，最终也被判决无罪。

“五角大楼文件案”是保守秘密与信息公开之间矛盾的典型案例，美国最高法院的裁决支持新闻自由战胜了国家安全。然而，这一矛盾并没有结束，反而在 21 世纪涌现出新的案例。2006 年 12 月，阿桑奇创建了维基解密（WikiLeaks）网站，以“人民的情报机构”自居，并以揭露政府及企业的腐败行为为宗旨。2010 年，维基解密网站先后数次公布了美国军事外交机密，比如，4 月，公布美军在巴格达滥杀平民的视频片段；7 月，通过英国《卫报》、德国《明镜周刊》和美国《纽约时报》公布

大量关于阿富汗战争的机密文件;10月底,再次公布美军约40万份机密文件。三次泄密行为使阿桑奇与维基解密成为全世界关注的焦点,这一事件也被称为新"五角大楼文件案"或"全球外交9·11"。

从"五角大楼文件案"到阿桑奇的维基解密网站,媒介技术从报刊转向了互联网,媒介生产发生了革命性的变化,保守秘密与信息公开的伦理问题却仍然是争议的焦点。回到历史与概念之中,通过对实践的分析和对转型期中国社会的认识,能够帮助我们更为深刻地理解保守秘密与信息公开二者之间的矛盾。

第二节　保守秘密与信息公开:思想脉络、概念界定与实践基础

作为天生的矛盾共同体,保守秘密与信息公开是两种截然不同的选择,对应着不同的信息处理思路。二者之间的张力并不意味着他们的关系是非此即彼的,信息透明与信息保密相伴相生。要理解这两种伦理价值之间的张力,首先应该把握其思想脉络与概念内涵,并在实践的基础上加深对它们的认识。

一、保守秘密的传统与理念

所谓保密,就是对信息的控制。《中华人民共和国保守国家秘密法》(后文称《保密法》)第二条规定:"国家秘密是关系国家安全和利益,依照法定程序确定,在一定时间内只限一定范围的人员知悉的事项。"

出于维护皇权政治与大一统的原因,中国古代始终将对保密高度重视,保密文化也不断发展健全。先秦时期,《孙子兵法》就已经提出"事莫密于间"的理念,强调保密的重要价值,基本形成了较为完整的理论体系。① 汉代之后,中国的保密文化维持着稳定的状态,直到宋代开始重新获得发展。明清时期,君主专制与中央集权的加强使反情报与保密工作更加完善与成熟。明代的《兵经》就强调,"谋成于密,败于泄"②。可以说,中国有着悠久的保密传统,并且以维护皇权为核心,体现

① 熊剑平.中国古代保密理论的发展(上)——先秦时期至秦汉:形成与发展期[J].保密工作,2016(1):45-47.

② 熊剑平.中国古代保密理论的发展(下)——宋明清时期:复苏和再发展[J].保密工作,2016(2):32-33.

出浓厚的秘密政治色彩。另一方面，中国古代同样有反对密奏、强调保密适当的思想，[①]要求区分“必当密者”“不可密者”“可密于事而不必密于事后者”以及“当密于今日而不必密于事后者”，对后两种具有保密期限的秘密在保密期限届满时应当解密。[②] 整体而言，尽管以保密为核心的思想与制度占据了主要地位，但也同时包含着颇为丰富的内容。

对于中国古代的保密理论与制度而言，保密是手段，而非终极目的。这与马克斯·韦伯的实用层面的观点相契合，他指出，官僚机关创造、使用和保守秘密是他们创造、使用和保有权力的一种手段。西方社会学视角下的另一种保密观源于齐美尔，他从个人与社会的关系角度出发，认为保密是一种社会行为形式，源于社会交往，是个人为保持自己的安全感和优越感而采取的蓄意隐瞒行为。[③] 博克继承了齐美尔的研究路径，强调保密的仪式功能，许多俱乐部都有着保密的仪式，他们共享某些信息秘密，但却向外界保密。[④]

从制度层面来看，保密主要涉及定密、护密、泄密追究三方面内容。定密是明确保密的对象和范围；护密则明确了保密的手段和措施；泄密追究用以明确违法的法律后果。在世界范围内，随着知情权运动的发展，保密制度在不断变革，保密范围逐渐缩小。以信息公开为原则、不公开为例外已经成为基本共识。中华人民共和国在成立之初就通过《保守国家机密暂行条例》建立了保密制度，1989 年，《保密法》及后续法律法规的出台则为保密制度的完善奠定了基础。[⑤] 2010 年，全国人大常委会通过了新修订的《保密法》，从主体、时空、程序等角度进行调整，缩小了国家秘密的范围。然而，现行的保密制度仍然存在国家秘密范围过大、实践与规定脱节等问题，制度缺陷的背后正是保守秘密与信息公开两种不同伦理观念之间的矛盾。[⑥]

二、信息公开的制度化进程

与保密相反，信息公开主张信息的自由流动，这与公众知情权的逻辑相符。政

① 张群.论中国古代保密文化[J].北京电子科技学院学报，2013，21(1)：14-22.

② 张群.“事以密成，语以泄败”：论中国古代的保密思想与法制[J].南京大学法律评论，2013(1)：92-104.

③ 韩姗姗.社会学视野下的保密观[J].保密科学技术，2013(11)：48-52.

④ BOK S. Secrets：on the ethics of concealment and revelation[M]. New York：Pantheon Books, 1982.

⑤ 林爱珺.知情权的法律保障[M].上海：复旦大学出版社，2010.

⑥ 王锡锌.信息公开的制度实践及其外部环境：以政府信息公开的制度环境为视角的观察[J].南开学报(哲学社会科学版)，2011(2)：65-71.

府是信息公开最重要的主体,政府信息公开是指政府机关通过适当的方式将其掌握和控制的信息情报公之于众,可分为不依请求的公开和依请求的公开。前者指政府机关基于法律的规定无须公民的请求即应公开有关政府信息情报;后者指政府机关应依公民的请求而公开政府信息。从全球范围来看,瑞典通过1766年制定的《新闻出版自由法》首开世界信息公开法之先河。从20世纪下半叶起,随着各国法治化进程的加快,美国、日本等国家纷纷推进信息公开立法。1966年,美国国会通过《信息自由法》(*Freedom of Information Act*),这虽然并非世界上最早的信息公开立法,但在世界范围内产生了示范效应。迈克尔·舒德森说:“1966年通过的《信息自由法》虽然效力有限,但它是迈向开放社会的坚实一步。”①

中国信息公开制度起源于20世纪80年代以来村务公开的探索发展,经历了从村务公开到乡镇机关政务公开和厂务公开,再到各级人民政府的政府信息公开这一发展过程。② 2003年“非典”引发了社会普遍的对政府信息公开问题的关注,尽快建立健全在公民知情权基础上的政府信息公开制度成为人们的共识。2008年5月1日,《中华人民共和国政府信息公开条例》正式施行,标志着中国政府信息公开制度的正式建立。2017年11月,《中国共产党党务公开条例(试行)》公布实施,标志着我国党务公开全面走向制度化、规范化和程序化。近年来,政府信息公开政策逐渐发展,表现为主体的稳定性、公开内容的丰富性、公开渠道的开放性以及监督保障的完善性四个方面。③

对于政府主体而言,新闻发布与新闻发言人制度则在信息公开方向上迈开了更为主动的一步。新闻发布制度是约束政府新闻发布行为的一系列规则,包括新闻发布的法律、法规、惯例、内容、渠道和目的等。新闻发布制度是更为广义的新闻发言人制度。④ 我国新闻发言人制度的普遍建立和建设,同样在很大程度上源于2003年“非典”的爆发。政务公开、信息透明和政府工作问责制的推行,渐次催生了新闻发言人的诞生和新闻发布制度的出现。2003年以来,在国务院新闻办公室牵头指导协调下,主管机关相继制定出台了一些规定,对部门新闻发言人的设置,新闻发布原则、程序、形式、内容,以及发布的平台、渠道、方式方法等提出要求。截至2020年,从中央到地方,从政府到政党,从外交国防内政经济社会综合专业部门

① 舒德森.知情权的兴起:美国政治与透明文化(1945—1975)[M].郑一卉,译.北京:北京大学出版社,2018:21.

② 马怀德.政府信息公开制度的发展与完善[J].中国行政管理,2018(5):11-16.

③ 段尧清,尚婷,周密.我国政府信息公开政策十年演化分析[J].情报科学,2019,37(8):3-7,37.

④ 李明德.政府新闻发言人制度的理论阐释[D].兰州:兰州大学,2006.

到人民团体，都确定了新闻发言人，有了定期或不定期的新闻发布和发言人答问机制。总体上，新闻发布工作机制化、规范化建设日益推进，新闻发言人的能力素质、可信度、媒体传播力和公众曝光度不断提升，为信息公开提供了重要的渠道。①

第三节　保守秘密与信息公开的冲突：利益权衡的过程

保守秘密与信息公开对应着两种不同的价值理念与规范取向，具体体现在思想脉络、制度发展与实践之中。无论是中国本土还是世界范围内，都存在着逐渐缩小秘密范围，推动信息公开规范化、制度化，逐渐透明化的趋势。与此同时，这并不意味着信息公开完全消除了秘密，这一趋势甚至使以国家安全信息为代表的秘密的保护越发趋于严格。从“五角大楼文件案”到阿桑奇的维基解密网站的秘密文件泄露，秘密的控制范围、主体、手段都在不断发生变化，但始终没有消除伦理冲突。保守秘密与信息公开的矛盾也是利益权衡的过程，目前基本形成了一般原则——以公开为一般，不公开（保密）为例外原则；权衡利弊原则；适时、适度原则。②

一、保守秘密：个人利益、社会稳定、国家安全

从历史的角度来看，保密思想源远流长，而信息公开则是权力博弈的产物以及历史的偶然。迈克尔·舒德森指出，美国的《信息自由法》并非源于美国国父，也不是因为20世纪60年代的反战左派、民权运动、女权运动或互联网，相反它是“政府权力分支相互斗争的结果”，“它源于国会为控制联邦官僚机构而做的长时间却又不彻底、不充分的斗争”。在争斗的过程之中，只有新闻媒体，尤其是报纸以及新闻记者、政论家和出版人组成的知名团体，才是国会大厅之外议员们唯一的盟友。③ 他指出，尽管美国《信息自由法》具有重要意义，但在推动信息公开方面的作用极为有限。美国信息公开制度的另一份具有重要历史意义的法律文件是《国家

---

① 赵世人.新闻发言人制度的建设成效与改革任务[J].公共外交季刊，2020(2)：37-42，123.

② 宋超.公开与保密：政府信息公开立法的焦点[J].安徽大学学报，2005(1)：64-69.

③ 舒德森.知情权的兴起：美国政治与透明文化（1945—1975）[M].郑一卉，译.北京：北京大学出版社，2018：39-41.

环境政策法》,正是这部法律文件中关于环境信息公开的“额外的东西”进一步推动了信息公开的程度。然而,它诞生之初并没有引起关注,反而是在正式生效之后才发挥了重要作用。由此可见,信息公开在一定程度上是历史的偶然,尽管它成为近几十年来的趋势,但在诞生之初只不过是保密制度下的例外。

更为重要的是,尽管保守秘密已经成为信息公开的例外,但它仍然具有存在的价值。美国从 2007 年开始实行的“棱镜计划”是一项绝密的电子监听计划,其本质是美国政府联合网络巨头的全面监控,直到斯诺登出现,这一计划才从秘密状态转为公开,被带到公众面前。美国实行这一秘密计划的根本原因就是维护国家安全,在“棱镜门事件”发生后,它进一步加剧了全球对于网络空间信息安全的重视,更加注重对于秘密的保守。① 美国《信息自由法》规定了信息公开的原则,从保护个人利益与社会利益、维持社会稳定与国家安全的角度出发,同时规定了国防外交相关信息、贸易秘密、个人隐私等九类可豁免公开的信息。② 类似的,中国的信息公开同样存在保密的例外。根据《中华人民共和国政府信息公开条例》第 13 条:“除本条例第十四条、第十五条、第十六条规定的政府信息外,政府信息应当公开。”

信息公开保障了公众的知情权,使信息能够自由流动,但同样可能引发严重的后果:秘密的公开可能使个人隐私泄露,对人格尊严和个人利益造成侵犯;而商业秘密与知识产权的公开可能会造成市场主体的经济损失;更进一步,国家秘密的泄露会引发国家安全危机,直接威胁国家独立与政治稳定。对于支持保守秘密者而言,秘密是对信息的控制,它能塑造良好的社会秩序,有助于实现对个人、市场与政府乃至国家的保护,最终实现对公共利益的保护。而信息公开虽然打破了信息垄断,但无法保证信息流动的秩序,更无法保证信息的可获取性,无法实现“最大多数人的最大幸福”。在我国信息公开实践中,就出现了被称为“滥用政府信息申请权”或“滥用知情权”的大量申请、反复申请政府信息公开的情形,这种行为背离了信息公开最初的目的,并不具有伦理的正当性。③

二、信息公开:公众知情、新闻自由、社会治理

首先,公众的知情权是信息公开的法理渊源和逻辑起点,与言论自由和新闻自

① 方兴东,张笑容,胡怀亮.棱镜门事件与全球网络空间安全战略研究[J].现代传播(中国传媒大学学报),2014,36(1):115-122.

② 舒德森.知情权的兴起:美国政治与透明文化(1945—1975)[M].郑一卉,译.北京:北京大学出版社,2018:25-26.

③ 王锡锌.滥用知情权的逻辑及展开[J].法学研究,2017,39(6):41-60.

由密切相关。[①] 联合国1946年第一次大会就将信息自由宣告为一项基本人权，后续的人权文件中它并未被单独列出，而是以表达自由权的一部分被确认。其次，信息公开是推动法治政府、阳光政府建设，实现民主、防止腐败的重要保障。相反，"信息保密培育了滋养特殊利益集团的肥沃土壤；增加了管理租金，加大了交易成本；使民主过程中的公众参与大打折扣；使媒体舆论无法形成对政府滥用职权的监督制衡机制"。此外，信息保密难以保证决策的质量，还因此造成了信息保密与决策失误的恶性循环。[②]

信息公开也是维护社会稳定，促进社会治理的需要。"从制度层面考察更多信息公开的正当性，公开可以减少权力滥用的可能性，透明度的提高是良好治理的核心要义。"[③]对于支持信息公开者而言，秘密的另一面就是谣言、流言，它对社会治理造成了极大的困难。中国信息公开制度与新闻发布制度发展的关键节点是在"非典"疫情发生期间。在"非典"疫情爆发初期，媒体没有向社会及时发布疫情信息，导致谣言的流行以及疫情在全国范围内的传播。[④] "非典"疫情时期，戴维·罗特科普夫首次提出了信疫(infordemic)的概念，指恐惧、猜测和谣言的作用，导致信息影响经济、政治乃至安全的现象出现。2020年爆发的新冠肺炎疫情将这一问题重新带回人们的视野之中，"双黄连、板蓝根可治新冠"的闹剧又一次印证了信疫的危害，[⑤]它不仅引发了民众的过度恐惧、焦虑情绪，影响了正常判断，更加剧了全球范围内的对立与冲突，反映了信息公开的重要性。[⑥]

第四节　新环境、新技术、新挑战：媒介伦理的视角

改革开放以来，在社会转型的背景下，中国的保密制度与信息公开制度逐渐走

① 郑保卫.关于信息公开的理论思考与实践意义[J].国际新闻界,2003(5):5-9.

② 斯蒂格利茨,宋华琳.自由、知情权和公共话语:透明化在公共生活中的作用[J].环球法律评论,2002(3):263-273.

③ 斯蒂格利茨,宋华琳.自由、知情权和公共话语:透明化在公共生活中的作用[J].环球法律评论,2002(3):263-273.

④ 尹萍.信息公开与法治政府:从"非典"到"禽流感"的启示[J].河北法学,2004(11):147-150.

⑤ 年度传媒伦理研究课题组,刘鹏,方师师,等.2020年传媒伦理问题研究报告[J].新闻记者,2021(1):3-22.

⑥ 方兴东,谷潇,徐忠良."信疫"(Infodemic)的根源、规律及治理对策:新技术背景下国际信息传播秩序的失控与重建[J].新闻与写作,2020(6):35-44.

上了法治化、规范化的道路，秘密的范围逐渐清晰，信息公开的范围逐渐扩大。中国与世界潮流相契合，在保障公众知情权的透明化道路上越走越远。不过，秘密与信息公开的伦理冲突并没有消除，反而随着互联网等新型媒介技术的兴起而更加凸显。一方面，信息成为重要的战略资源，成为不同主体争夺的对象；另一方面，技术既是对秘密的挑战，其可供性也为保密提供了新的契机。“互联网大大增强了知情权的受欢迎程度，矛盾的是，它也孕育了秘密。”①在这一过程中，新闻媒体面临着同样的境遇：曾经“新闻工作者的首要目标是为公民提供自由和自治所需的信息”②，而“随着21世纪的到来，技术革命及其带来的经济组织方式的革命既创造了新的机会，也对新闻媒体的独立监督角色构成威胁”③。

在伦理学的视角下，保守秘密与信息公开的冲突实际上就是目的论与义务论的冲突：“目的论的理论先独立地定义善，然后将正确的行为定义为促进了善的行为。因此，目的论理论认为善的观念在概念上优先于正当的观念。义务论则相反，它坚持正当的独立性和不可还原性：一个行为本身就具有内在的道德价值，不管它是否导致可欲的或最佳的后果。”对于保守秘密的支持者而言，尽管秘密与公众的知情权和言论自由的观念相抵触，但对特定信息的控制能够维护更大的利益；对于信息公开的支持者而言，信息公开的基础是“观点的自由市场”，不管结果如何，公开的行为本身就是有价值的。面对社会转型，前者仍然强调秘密的作用，而后者更关注信息公开的进程。

而新型媒介技术更像是催化剂：“知情、知情权或透明都不是由互联网创造出来的，也不是由互联网引入人类生活的……不过，互联网极大地拓展了透明的范围，加快了被披露的信息的传播速度，还使信息的传播范围拓展至全球。”④迈克尔·舒德森在梳理美国知情权兴起的过程中特别强调了这种对立统一关系：“社会不会一直朝着通往知情权的方向前进，对于知情权的文化支持和制度支持不会一直存在。总会有来回起伏……当变化发生的时候，且这种变化有助于提升人类能

---

① 舒德森.知情权的兴起：美国政治与透明文化（1945—1975）[M].郑一卉，译.北京：北京大学出版社，2018：19.

② 科瓦齐，罗森斯蒂尔.新闻的十大基本原则：新闻从业者须知和公众的期待[M].刘海龙，连晓东，译.北京：北京大学出版社，2011：9.

③ 科瓦齐，罗森斯蒂尔.新闻的十大基本原则：新闻从业者须知和公众的期待[M].刘海龙，连晓东，译.北京：北京大学出版社，2011：139.

④ 舒德森.知情权的兴起：美国政治与透明文化（1945—1975）[M].郑一卉，译.北京：北京大学出版社，2018：19.

力的时候，我们就应该承认它的作用，给予它应得的荣誉。”[1]从伦理的视角来看，开放性未必就是一种至善，而不透明在人类生存、政治民主、保护弱势人群、维护社会交往的礼节和捍卫人格尊严等方面同样是必需的。

思考题

1. 保守秘密与信息公开两种主张各自的合法性依据有哪些？
2. 选择一种伦理推理模式分析“棱镜门事件”中的伦理冲突。

① 舒德森.知情权的兴起：美国政治与透明文化（1945—1975）[M].郑一卉，译.北京：北京大学出版社，2018：195.

第七章　隐私信息与公共利益

第一节　从国内"人脸识别第一案"说起：数字时代的隐私信息难题

2021年11月1日，《中华人民共和国个人信息保护法》正式施行，这是我国在个人信息保护领域的首部立法。伴随着数字技术的迅速发展，个人隐私信息保护的难题重新进入公众的视野。以人脸识别技术为例，"刷脸"在不知不觉中成为日常行为规范的同时，也在社会的关注下引发了伦理与法律方面的争议。清华大学法学院教授劳东燕指出，公众仍然出于便捷与安全等理由"情绪稳定"，而"大多数业主的'沉默'，我认为不是'无声'，而是'无奈'：小区之外，个人信息到处被采集，被交换，被利用，有谁管吗？死守一个小区门禁，意义不大。业主不是'无声'，更是'无知'：被收集的那些信息怎么保管？是否被滥用"①？

无独有偶，浙江理工大学法政学院教授郭兵同样对人脸识别与个人信息的问题保持关注。2019年4月27日，他从杭州野生动物世界购买指纹识别入园的双人年卡，并与其妻子留存了姓名等个人信息，录入指纹和拍摄照片。2019年10月7日，野生动物世界停用指纹识别闸机，将入园方式调整为人脸识别。野生动物世界先后于2019年7月12日和10月17日向包括郭兵在内的年卡消费者发送两条短信，告知年卡系统已升级，若不激活人脸识别系统，将无法正常入园。2019年10月26日，郭兵至野生动物世界交涉，郭兵拒绝人脸识别，要求退卡。由于协商未果，

① 中国青年报. 人脸识别进小区引发争议 业主有"不赏脸"的权利[EB/OL].(2023-02-22)[2020-10-23]. https://mp.weixin.qq.com/s/PZTZZKxejN4uqtQ_Sk29Dw.

郭兵起诉野生动物世界，其诉求是："第一，确认野生动物世界店堂告示和短信通知中涉及指纹识别和人脸识别的内容无效；第二，野生动物世界赔偿年卡卡费及为解决纠纷支出的交通费等费用；三、野生动物世界删除郭兵提交的全部个人信息等。"一审法院判决野生动物世界赔偿合同利益损失及交通费，并删除面部特征信息，但驳回了郭兵的其他请求。之后，双方均提起上诉，二审法院判决支持前两项要求，并判决野生动物世界删除指纹识别信息，驳回郭兵的其他诉讼请求。①

二审法院认为："生物识别信息作为敏感的个人信息，深度体现自然人的生理和行为特征，具备较强的人格属性，一旦被泄露或者非法使用，可能导致个人受到歧视或者人身、财产安全受到不测危害，故更应谨慎处理和严格保护。经营者只有在消费者知情同意的前提下方能收集和使用生物识别信息，且须遵循合法、正当、必要原则。经营者违反双方约定处理信息或者因违约而停止提供某项产品或服务，消费者有权要求经营者删除与其违约情形相对应的个人信息。野生动物世界单方变更入园方式构成违约，应当赔偿郭兵合同利益损失；野生动物世界要求郭兵激活人脸识别，超出事前收集目的，且存在侵害郭兵面部特征信息之人格利益的可能与危险，故其应当删除郭兵办卡时提交的包括照片在内的面部特征信息。同时，因原约定的指纹识别入园服务方式无法实现，野生动物世界还应当删除指纹识别信息。"②

郭兵起诉杭州野生动物世界有限公司案被称为中国"人脸识别第一案"，不仅入选了 2021 年度法治实施十大事件，还被最高人民法院列为"人民法院服务和保障长三角一体化发展典型案例"。最高人民法院在发布相关十四起典型案例时评论道："数字经济时代……信息已成为与物质、能量同样重要的资源，个人信息的利用在增进社会福祉的同时，也可能引起信息主体的权益受到威胁和侵害。"它指出，该案的判决"兼顾鼓励数字产业发展与个人信息保护两大需求，有助于加强长三角地区个人信息保护和数据安全，为长三角地区打造全国数字经济创新高地提供有力保障"③。

---

① 中国裁判文书网.郭兵与杭州野生动物世界有限公司服务合同纠纷二审民事判决书[EB/OL].(2023-02-22)[2020-11-14]. https://wenshu.court.gov.cn/website/wenshu/181107ANFZ0BXSK4/index.html? docId=2hBPLhgZtbzIw0ke/XdL89ukykMgheHUuK716KMPVCR2PxH1DwkG7Z/dgBYosE2g3YbH9SvNiAgUfjTavb3p9WNjDjpcGd3XW0OUsqxrRXFHTkBj+5hVXUlJeghEU8bn.

② 最高人民法院. 人民法院服务和保障长三角一体化发展典型案例[EB/OL].(2023-02-22)[2021-11-02]. https://www.court.gov.cn/xinshidai-xiangqing-329801.html.

③ 最高人民法院. 人民法院服务和保障长三角一体化发展典型案例[EB/OL].(2023-02-22)[2021-11-02]. https://www.court.gov.cn/xinshidai-xiangqing-329801.html.

郭兵还曾向浙江省高级人民法院申请再审,但被裁定驳回。劳东燕指出,“人脸识别第一案”虽然具有重大时代意义,但并没有产生标志性的判决。该案不仅平衡个人信息保护与个人信息商业化运作之间的关系,更涉及法律处理科技所带来的效益与风险问题。① 暂且将判决意义按下不表,人脸识别的问题确实暴露了数字时代的隐私难题。一方面,隐私信息同时涉及人格尊严与财产价值双重属性,与个人利益密切相关;另一方面,隐私信息的利用同样具有公共价值。② 数字时代的技术将隐私信息从私人领域引向公共领域,个人利益与公共福祉之间的矛盾日趋尖锐。如何处理隐私信息与公共利益之间的矛盾,已经成为转型期中国社会面临的重要伦理议题。

第二节 溯源、定义与发展:隐私信息困境的历时性视角

数字时代的隐私信息难题看似新鲜,却是隐私信息从诞生之初就内含的矛盾与张力。这一伦理冲突根植于隐私信息的概念之中,并随着历史社会背景的不同而呈现出不同的面向。传播技术始终将隐私信息利用作为追求的目标,而随着数字时代的来临,新型技术再次放大了这一伦理难题,使之成为社会争议的焦点。

隐私观念在远古时期就已经产生。在文字出现以前,人类便已经意识到属于私人、不可示人的隐私的存在。而汉字中的隐私一度就写作“阴私”③,这从侧面反映出隐私观念的直接源头就是对于外生殖器的羞耻心,是人类的自然情感和本能。④ 在前现代时期,隐私观念并没有被制度化,而是以伦理道德、民俗的方式存在;相应的,侵犯隐私的窥私行为被视为不道德,为人所不齿。

隐私的私密性意味着它从诞生起就是与传播相悖的。从历史的角度来看,媒介技术的进步不断对隐私提出挑战。19 世纪 90 年代,美国两大报业巨头赫斯特和普利策相互竞争,新闻媒体上充斥着图片和刺激性信息,造就了世界新闻史上的

① 劳东燕.“人脸识别第一案”判决的法理分析[J].环球法律评论,2022,44(1):146-161.

② 罗斌,李卓雄.个人生物识别信息民事法律保护比较研究:我国“人脸识别第一案”的启示[J].当代传播,2021(1):77-81.

③ 周汉华.个人信息保护的法律定位[J].法商研究,2020,37(3):44-56.

④ 张新宝.隐私权的法律保护[M].北京:群众出版社,2004.

"黄色新闻"时期，现代隐私权就诞生于这一背景。[①] 尽管存在争议，但有人指出，正是因为照相机的出现，新闻报道对沃伦的女儿的婚礼造成了侵扰，间接造就了现代隐私权的形成。[②] 1890 年，美国学者沃伦和美国最高法院大法官布兰代斯在《哈佛法律评论》发表《论隐私权》(*The Right to Privacy*)一文，首次提出隐私权，将其定义为独处的权利(right to be alone)，个人有权选择自己的生活，不受外界的干涉或侵害，除非存在明确的社会需要和合理依据。[③] 1905 年，美国法院在"帕维斯奇诉新英格兰人寿保险公司案"中正式接受了隐私权。随后，世界各国家与地区基本都确立了隐私保护的法律法规。

一方面，现代化的进程为隐私权的产生奠定了基础，隐私权以个人为本位。经过文艺复兴、宗教改革、启蒙运动与科学革命等一系列历史事件，教会神权受到打压，世俗化成为最终潮流，个人在历史中从公共领域独立出来。从自然法思想开始，个体的人格尊严与自由得到伸张，个人作为与公共领域相对抗的私人领域被强调。原子化个体作为社会的基本单位保证了社会得以形成，而为了保证个人这一基本单位的存在，隐私就是重要的维护工具。另一方面，现代隐私权自诞生之初就没有将其设定为一项绝对的权利，而是在个人利益与公众利益之间进行了平衡。当存在明确的社会需要和合理依据时，在权利的位阶上，个人的利益就要让位于公众的利益。也就是说，在隐私权作为一项法律制度被建构起来时，所需要平衡的就是个人的隐私利益(人格自由与人格尊严方面的人格利益)与他人的言论表达自由、知情权等利益的冲突。国家作为超利益的社会管理者对以下内容进行处理："凡不涉及公共利益的个人隐私，受到保护；凡涉及公共利益的隐私，或者不予保护，或者受到限制。"[④]

技术影响了隐私的伦理规范基础，进而影响了隐私的概念范围与保护程度。隐私不是"天然权益"，而取决于"信息和通信的基础设施"。[⑤] 20 世纪 60 年代，伴随着信息技术的兴起，不受控制的对个人信息的收集、储存与利用再次引起了人们对于"老大哥"的恐惧，社会伦理与法律规范从隐私拓展至个人信息/数据。近半个世纪以来，个人信息保护立法成为全球范围内最为瞩目的立法运动之一。根据欧盟《一般数据保护条例》(GDPR)，所谓个人信息/数据是指"与已识别或者可识

① 岳林.论隐私的社会生成机制：以习俗和法律关系为视角[J].学术月刊，2019，51(6)：104-116.

② 沙勒夫.隐私不保的年代[M].林铮顗，译.南京：江苏人民出版社，2011.

③ WARREN S D，BRANDEIS L D. The right to privacy[J]. Harvard law review，1890，4(5)：193-220.

④ 张新宝.从隐私到个人信息：利益再衡量的理论与制度安排[J].中国法学，2015(3)：38-59.

⑤ 余成峰.信息隐私权的宪法时刻规范基础与体系重构[J].中外法学，2021，33(1)：32-56.

别的自然人(数据主体)相关的任何数据”。除了隐私权所具有的人格尊严与自由的价值,个人信息还特别具有商业价值与公共管理价值。另外,相较于隐私权保护,个人信息保护所涉及的利益主体也更加多元化。这些因素共同将隐私信息的个人利益与公共利益的矛盾进一步放大。①

第三节　隐私信息保护的内在价值冲突:理论与实践的视角

随着社会历史的发展与媒介技术的变迁,隐私信息的内涵不断拓展,然而从诞生之初就伴随的个人利益与公共利益的悖论始终存在,并且渐趋复杂。从《论隐私权》诞生以来,着眼于不同的视角,出现了三种不同的隐私学说。“隐私边界说”的提出者欧文·奥特曼将隐私视为公开与关闭私人边界之间的一种张力,是个人对他人接近自己的选择性控制。在欧文·奥特曼与艾伦·F.威斯丁的基础上,佩特罗尼奥提出传播隐私管理理论(communication privacy theory,简称 CPMT),延续了私人信息与公共之间的“边界”关系。② “隐私控制说”则赋予了隐私信息主体以能动性,主张他们可以通过对隐私信息的控制权来排除外界的干扰。“隐私价值说”从经济学的视角出发,发现了人格价值之外的隐私信息的经济价值。③ 可以发现,三种理论都建立在公私二元的基础之上,都可以追溯到沃伦和布兰代斯确立的现代隐私权,它们从不同的视角出发,试图在个人利益与社会利益冲突中进行价值调和。“隐私边界说”试图厘清界限,将公私区分开来;“隐私管理说”以主体的能动性处理私人领域所遭遇的侵犯;“隐私价值说”则从经济价值的视角重新理解隐私,试图提出新的规范。

隐私信息的内在价值冲突并没有解决,反而在不同的理论视角中被不断凸显。以女性主义范式为例,在以麦金农为代表的女权主义者眼中,“隐私权在男性手里像利剑,在女性手里像盾牌”④。她从堕胎的问题出发,认为美国的“罗伊诉韦德

① 张新宝.从隐私到个人信息:利益再衡量的理论与制度安排[J].中国法学,2015(3):38-59.

② 徐敬宏,张为杰,李玲.西方新闻传播学关于社交网络中隐私侵权问题的研究现状[J].国际新闻界,2014,36(10):146-158.

③ 范海潮.作为“流动的隐私”:现代隐私观念的转变及理念审视——兼议“公私二元”隐私观念的内部矛盾[J].新闻界,2019(8):59-69.

④ 麦金农.迈向女性主义的国家理论[M].曲广娣,译.北京:中国政法大学出版社,2007:276.

案”以宽泛的隐私将堕胎纳入其中，看似赋予了女性堕胎的自由，然而事实却是，“堕胎的可获得性促进了性交的可获得性”，为男性消除了性交的后顾之忧。① 因此，“当女性在私密空间被隔离的时候，被单个地彼此分离的时候，那种隐私的权利也完全把女性从她们相互间以及从公共救助体系中隔离。这种隐私权是一个男性的‘使她孑然一身’的权利，从而单个地压迫女性。它体现并反映了私密空间现有的对女性气质的定义”②。

在现实层面，隐私信息的内在价值冲突同样呈现出多元的面向。为解决隐私信息难题，实践中已经形成了相对确定的规范原则，并通过法律文件的形式确立下来。《中华人民共和国个人信息保护法》就确立了合法、正当、必要和诚信原则，最小范围原则，公开、透明原则，“知情—同意”原则等基本规范。类似的，欧盟的《一般数据保护条例》(GDPR)也确立了合法公平和透明原则、目的限制原则、最小范围原则、准确性原则、储存限制原则、完整性和保密性原则等基本规范。这些规范原则在面临现实情境时往往再度陷于伦理争议之中，并具体表现在隐私信息的内容、主体、传播三个方面。

从内容方面来看，根据隐私信息内容的敏感程度进行区分并设定不同的伦理要求难以实现。这一方面在新闻传播领域表现突出，从“黄色新闻”时期到营销号、短视频为王的数字时代，越是涉及敏感信息的新闻往往越受到追捧，而明星等公众人物更被认为天然让渡了隐私信息以牟利。在名人涉性案件的报道中，展江教授提出可以借用美国法律的“实际恶意”原则，避免相关隐私信息报道所带来的二次伤害。③ 从主体方面来看，数字时代的隐私信息涉及多元主体，这为隐私信息的价值冲突增加了解决的难度。一方面，隐私信息具有公共管理价值，与政府产生关联。新冠肺炎疫情期间，政府通过健康码、行程码等方式收集了个人身体健康状况、移动轨迹、地理位置等方面的大量隐私信息，为疫情精准防控提供了必要的数据支撑，就是典型代表。④ 另一方面，个人通过平台使用所产生的海量数据还具有商业价值，往往被平台等信息业者利用，而个体却处于“监控资本主义”的控制之下，权利无处声张，造成了利益分配的不平等。⑤ 因此，近年来不断有呼吁“数据确

① 麦金农.迈向女性主义的国家理论[M].曲广娣，译.北京：中国政法大学出版社，2007：266-274.

② 麦金农.迈向女性主义的国家理论[M].曲广娣，译.北京：中国政法大学出版社，2007：280.

③ 展江.名人涉性与普通人涉性报道的媒体考量：媒体道德与伦理经典案例评析（七）[J].青年记者，2014(34)：59-61.

④ 唐林垚.常态化数字抗疫时代的个人信息保护[J].中国政法大学学报，2021(4)：240-250.

⑤ ZUBOFF S. Big other：surveillance capitalism and the prospects of an information civilization[J]. Journal of information technology，2015，30(1)：75-89.

权”的主张，试图厘清多元主体的复杂关系，然而却未必确实有效。① 在传播层面，公私领域趋于模糊，“控制”难以实现。“截屏社交”引发了关于聊天记录“二次传播”的问题，移动互联网中的聊天信息不受控制，会对个体的自我呈现与言论表达带来伤害。② 不受控制的隐私信息在大数据的逻辑下经过整合，内容、主体、传播三个方面的复杂局面为隐私信息的内在价值冲突增添了更多的不确定因素，也为伦理与法律规制提出了挑战。

第四节　隐私信息保护的路径：从法律规制到关系伦理

从前现代社会中模糊的隐私观念到现代隐私权的形成，再到个人信息权的出现，可以归纳出一条隐私信息发展的历史脉络。隐私权作为现代化的产物，随着社会历史的发展而逐渐展现出复杂多元的面向。这种转变是因为，从法律的视角理解隐私的范式长久以来占据了主导地位。在这一视角下，隐私是现代产品，并不存在于原始社会之中。③ 现代隐私以个人为本位，建立在公私二元对立基础之上，本质上是“以个人为中心，以空间、事物和自我为本体论与认识论的哲学框架”④。如果能够突破法律规制下的权利视角，将隐私信息视为一种习俗，一种社会规范，那么就能够从伦理的角度厘清其中的利益纠葛，重新发现其内在的矛盾与冲突。在伦理的视角下，隐私不仅是一种社会排斥机制，也是一种社会聚合机制；隐私不仅塑造了自我，更是整个社会的黏合剂。⑤

将隐私信息建立在公私二元对立的基础之上，凸显了公共利益与私人利益之间不可调和的矛盾，因此只能试图寻找二者之间的平衡。已有学者提出，隐私信息保护应该突破个人本位的限制，转向社会控制，实现个人利益与公共利益的平衡。⑥ 这一主张在一定程度上看到了个人本位的公私二元对立基础所内含的难以

---

① 韩旭至.数据确权的困境及破解之道[J].东方法学，2020(1)：97-107.

② 李欢，徐偲骕.隔“屏”有耳？——聊天记录“二次传播”的控制权边界研究[J].新闻记者，2020(9)：74-84.

③ 岳林.论隐私的社会生成机制：以习俗和法律关系为视角[J].学术月刊，2019，51(6)：104-116.

④ 余成峰.信息隐私权的宪法时刻规范基础与体系重构[J].中外法学，2021，33(1)：32-56.

⑤ 岳林.论隐私的社会生成机制：以习俗和法律关系为视角[J].学术月刊，2019，51(6)：104-116.

⑥ 高富平.个人信息保护：从个人控制到社会控制[J].法学研究，2018，40(3)：84-101.

调和的冲突，但其解决方案仍然局限在制度设计层面，难以从根本上解决问题。隐私保护应该从规范基础层面进行重构，从伦理的视野进行彻底改革，实现对本体论与认识论的哲学框架的革新。

转型期的中国提供了一个从伦理视角重新理解隐私信息的机会，一方面是因为中国的文化传统异于西方中心的现代化模式，另一方面则是因为转型期中国社会复杂的诸多因素，为理解隐私信息提供了独特语境。改革开放以来，中国在现代化道路上逐渐探索，社会主义市场改革兼用了计划与市场的手段，政治上的民主化、法治化进程不断推进，思想层面也渐趋开放。社会转型的过程同样是一个从总体型社会向个体化社会转变的过程，个人的重要性逐渐突出，社会或集体转向幕后，隐私权的观念也有了生存空间。数字技术的发展则具有双重作用：一方面，它加速了这一进程，为原子化个体的成立提供了条件；另一方面，它又重新塑造了一套虚拟的赛博网络，与现实世界深度复合。同时，数字技术还模糊了不同情境的界限，对公私二元对立提出了挑战，让隐私信息具有流动性。① 在这个背景下，隐私信息与公共利益之间的矛盾更加显著，不论是制度设计还是理论层面都面临着困境。

转型期中国的隐私信息与公共利益的伦理困境关系的视角——“隐私是一种规范性的社会实践，是人们在特定生活中遵守的习俗、惯例和礼仪规则”。“孤独个体意义上的隐私权，未必就是我们真正想要的东西，至少它不是我们最想要的东西。只要我们还渴望亲密关系，希望生活在团结的人群组织或社会之中，那么隐私习俗依然是不可或缺的社会制度。”②中国本土的文化与实践资源为重构隐私的规范基础提供了重要的理论资源，在中国传统中，个人并非独立的、原子化的个体，而是与其他个体密切联系，处于“个人—家庭—国家—天下”的差序格局之中，因此，中国传统是反对绝对个人主义的。翟学伟提出，尽管中国正在发生前所未有的变化，但关系仍然是中国社会的基本特征之一，它不会随着市场化、工业化、城市化和信息化而轻易消亡。③ 这里的关系并不仅仅指“互动”“交往”或“人际关系”，而是既没有个人化特征也没有群体本位特征的中国经验，它带有梁漱溟的“伦理本位”和费孝通的“差序格局”和“团体格局”的特点。④ 因此，从中国的本土经验看待隐

① 范海潮.作为“流动的隐私”：现代隐私观念的转变及理念审视——兼议“公私二元”隐私观念的内部矛盾[J].新闻界，2019(8)：59-69.

② 岳林.论隐私的社会生成机制：以习俗和法律关系为视角[J].学术月刊，2019，51(6)：104-116.

③ 翟学伟.中国人的关系原理：时空秩序、生活欲念及其流变[M].北京：北京大学出版社，2011：293.

④ 翟学伟.中国人的关系原理：时空秩序、生活欲念及其流变[M].北京：北京大学出版社，2011：293-299.

私,就是要从关系的视角去理解,这不是指要陷入文化功能主义的泥潭,而是要从社会的角度、结构的意义方面,在关系中理解隐私。

在关系伦理的视角下,隐私不仅是客观的数据,不仅是固定的东西,更是信息化的能力,是将数据转化为信息,赋予其意义的过程。个人本位的隐私核心就是通过区分(distinction)实现自由主体(agent)的创造,但稀缺性与冗余性是辩证的,“信息社会信息的冗余性和弥散性,恰恰悖论地建立在隐私信息的稀缺性与差异性之上”。也就是说,隐私不是固定的事物,而是可变的信息关系,具有价值与道德的含义。①

思考题

1. 概述隐私权的定义和发展历程。
2. 比较隐私边界说、隐私控制说、隐私价值说三种隐私理论的异同。
3. 数字技术为隐私保护带来了哪些新的挑战?

---

① 余成峰.信息隐私权的宪法时刻规范基础与体系重构[J].中外法学,2021,33(1):32-56.

第八章 媒介审判与司法独立

第一节 媒介与司法的交集：从"药家鑫案""江歌案"到"鲍毓明案"

网络时代,受传播主体多元化、内容发布多层次等影响,媒介和司法的交集也愈发频繁和复杂。

2011年的"药家鑫案"审理,是国内首次采用微博进行庭审直播的大案, 微博的现场性、即时性、互动性和它同时覆盖人际传播、组织传播与大众传播的特征激发了公众的极大兴趣, 也让该案的审判置于大众视野之中。大学生药家鑫开车撞人后为避免受害者纠缠,残忍地连捅8刀,杀人灭口。其阴暗冷酷的心理、对弱势群体的歧视和抗拒,加之层出不穷的网络舆论,如盛传的所谓药家鑫的"同门师妹"李颖力挺药家鑫捅人令西安音乐学院紧急辟谣, 高晓松发微博称"音乐界将不接受西安音乐学院学生", 还有所谓的"五教授联名上书呼吁免除药家鑫死刑"等,引发了媒体和公众的密切关注,群情激愤,进而纷纷越过司法机关,对"药家鑫案"的案件性质和审判结果做出预测或评判。

2016年中国留日学生江歌被害,其母运用网络手段和司法手段与案件相关人员进行了长达数年的对峙,同样引起了广泛而持续的关注。大量媒体追踪参与了案件推进过程的报道。例如,自媒体"东七门"发表《刘某, 江歌带血的馄饨, 好不好吃?》一文,自媒体"咪蒙"发表文章《刘某江歌案:法律可以制裁凶手, 但谁来制裁人性?》。两篇文章均严厉指责江歌的同学刘某虚伪、自私、没有人性, 获得大量转发, 刘某一时成为众矢之的。微信公众号"为你写一个故事"发表《但是请注意,杀人凶手是陈某某, 不是刘某》及《我对江歌案中的民意感到由衷的恐惧》两篇文章，《新京报》、凤凰网亦先后发文，重新思考对刘某的网络讨伐行为，引发一系列关于网络暴力、网络舆论的讨论。

2020年的“鲍毓明案”更是极为典型的反转新闻案例。《南风窗》关于此事件发文，让人们将视线聚焦到“跨国高管鲍某某涉嫌性侵未成年养女长达三年”事件上。此报道通篇具有较强主观倾向性的描写，迅速点燃社会情绪，在司法调查结果还未出来之前，网络舆论一边倒地同情养女李某某，谴责鲍毓明，将鲍毓明定性为“强奸犯”“恋童癖”“恃强凌弱”“仗势欺人”等负面角色。随后，财新网发文《特稿|高管性侵“养女”案疑云》，文章发表后，财新网遭到大量的谩骂和批评指责，说其收了鲍毓明黑钱抹黑李某某，财新网被迫撤稿并于次日声明道歉。然而，最终的调查结果显示此案中确实不存在性侵事实。消息一出，舆论哗然，很显然，此次事件中的媒体、网民对当事人鲍毓明进行的“审判”已不在合理范围内。

在这些典型案件的推进过程中，媒介审判的影响力不可谓不大，但此类媒介审判究竟是否在事实上干扰了司法独立，影响了案件的审判结果，学界没有统一的定论。在网络舆论的影响力愈发不可忽视，自媒体新闻发展迅速但尚缺乏统一规范的社会情境下，媒介与司法的边界问题和伦理问题亟待进一步讨论。

第二节　媒介审判与司法独立的概念及相关理论

要在中国语境下对媒介审判和司法独立做出阐释，首先要明确这两个概念并非发源于中国，因此需要对它们进行历时性考察——从其产生的社会、文化、制度等结构性因素出发，再到其本土化过程。

一、媒介审判和司法独立的概念

研究者认为，“媒介审判”源于西方，是英美法系下社会实践的产物。确切地说，媒介审判(Trial by Media)并不是一个法学上的精确概念，而只是部分英美法系国家和地区描述媒体不当报道案件和庭审，从而影响陪审团和法官裁决的现象的一种比喻说法，其实质是为了寻求司法公正和新闻自由之间的平衡。媒体审判最初是西方新闻传播法中的一个概念，它的历史沿革是：法律审判实行陪审团制度，陪审团由普通公民组成，如果大众传媒在开庭审判前就对案件或涉案的当事人做过多的报道和渲染，就会影响陪审团的公正投票，从而间接影响判决的公允。我国新闻法学界一般认为，媒介审判是指新闻媒体超越司法程序抢先对案件做出判断，对涉案人员做出定性、定罪、定量刑及胜诉或败诉的结论。① 西方法律界通常认为，先于案件审理结果的新闻报道会影响可能成为陪审团的人，使他们对被告人产生“偏见”情绪或倾向性预设，无法客观地对案情进行判断，从而侵犯被告人接受公正审判的权利。20 世纪中期发生在美国的“谢帕德案”，就揭示出狂热的新闻报道如何给刑事被告人带来不公正的审判。1954 年，美国外科医生谢帕德的妻子在家中被残忍杀害，在司法尚未作出判决时，媒介无视英美法系的“无罪推定”这一原则，迅速将谢帕德定性为“杀人犯”“无耻狂徒”和“杀妻凶手”，营造了一边倒地批判谢帕德的舆论压力，最终使法官和陪审团在案件事实证据仍有疑点的情况下判决谢帕德终身监禁；直到十年之后，案件才被重新审理，谢帕德被无罪释放。“谢帕德案”是美国法律实践中调整媒体与司法冲突关系的过程中一个重要的案例。从这次案件之后，美国法律界认为法官有责任保证被告人接受公正审判的权利不受媒介报道的影响，美国联邦和各州法院出台了相关的措施，对媒体的案件报道实施了限制。

媒介审判概念的诞生以司法独立为前提。司法独立，即“司法权独立”，来源于西方传统的“分权理论”——认为国家是人们通过契约的形式组建而成的，为了保证国家机器的正常运转，就需要对各种国家权力进行制衡；而西方国家典型的分权理论就是“三权分立”，即立法权、司法权和行政权相互独立制衡。由伦斯特洛姆编著的《美国法律词典》认为，司法独立是指法官免受政治压力和控制的范围。司法独立的价值在于它能使法官在做出判决时不必害怕遭到报复，使他们能够脱离外界的影响。② 而西方社会以言论自由和公民参与为传统，新闻媒介作为公共领域重要的监督主体，常被认作相对独立的“第四权力”，有权利和义务为公民监督权力的运作，当它们不遵循职业规范去报道案情时，媒介审判带来的强大舆论压力就很可能对陪审团和法官产生较大的影响，从而侵犯司法独立的界限。

二、中国语境下媒介审判和司法独立的关系

我国宪法同样规定了司法权的独立。根据宪法第 128 条和第 133 条规定，人民法院和人民检察院由各级人民代表大会产生，向同级人民代表大会负责并报告工作，接受人民代表大会的监督。我国上下级法院之间、同级法院之间相互独立，

---

① 陈力丹，刘宁洁.规范传媒的庭审报道[J].当代传播，2007(2)：20-23.

② 周海燕.重读刘涌案：公共领域视野中的司法与传媒之争[J].新闻大学，2006(4)：73-79.

上下级检察院之间是领导与被领导的关系。因此，我国司法机关的独立性表现为人民法院、人民检察院的独立。从具体实践来看，西方国家的司法独立实际上是法官个人的独立，而在我国体制下，司法独立包括审判独立和检察独立。[①] 在媒介审判与司法独立语境下的司法独立主要是指“审判独立”。上述具有本土色彩的司法制度，使中国的媒介审判在影响司法独立时有着独特的路径，“媒介审判”这一表述的挪用也存在萨义德所说的“理论旅行”的过程。[②] 其中最为关键的差异在于中国并没有实行陪审团制度，同时，在司法程序上，包括中国在内的大陆法系国家主要依据成文法进行罪责的判决，而英美海洋法系式的“一事一议”较少出现。在英美法系国家，由于刑事案件审判需要由普通公民构成的陪审团参与，他们要表决有罪或无罪，重要的因素是不能有先入为主的观念，因此，他们不能接触媒介，媒介不能对案件进行大量报道，或者把陪审团隔离，以免影响陪审团的判断。在中国，媒介审判显然无法以这种方式影响司法审判，但是由于司法权与行政权仍然有千丝万缕的联系，负责舆论治理的行政机关在面对媒介审判时，存在将压力转移到司法机关的可能性。美国学者本杰明 · 利伯曼在 2003 年撰写了题为《中国的媒体与纠纷解决机制》一文，指出中国媒体影响司法的基本模式是“媒体影响领导，领导影响法院”，他将这种机制概括为“媒体—领导—法院”模式，换句话说，媒介审判施加的影响力实质上并没有直接作用于司法程序。

第三节　议题中的伦理困境及争议

一、边界困境：“媒介审判”抑或“舆论监督”

基于上述在中国语境下的特殊表现，学界对中国的媒介审判是否在事实上影响判决结果意见不一，或者说中国的媒介审判是法律问题还是伦理问题难有定论？学者翁杨就研究者们关于媒介审判的描述与界定之间存在的伦理和法律差异进行了辨析，他认为部分研究者在阐述媒介审判的表现时，总体而言在性质上属于伦理道德范畴，是媒体的报道和评论违背了客观、公正、平衡的职业道德规范，同时网民

---

① 侯大明.舆论监督与司法独立的关系[J].青年记者,2017(18):24-25.

② 叶珲.中国语境下“媒介审判”研究的路径探讨[EB/OL].[2023-02-24].https://rirt.cuc.edu.cn/2016/0525/c3801a94280/page.htm.

意见的表达方式不够理性。而研究者们将媒介审判定性为舆论干扰和影响了司法独立与公正，这已超越了单纯的伦理范畴，在伦理与法律之间任意地跨越转换，将本属于伦理范畴的问题轻易地上升为了法律问题，并轻率地提出必须用法律手段来管制舆论的结论和建议。①

此外，中国的媒介体制也与西方大有不同。我国实行“一元体制二元运作”，大多数权威媒体组织虽然实行市场化经营，但也同时受党政机关领导，在近年的整顿治理下，鲜少再出现媒介审判中“判决未定，报道先行”的情况，而参与媒介审判的主体则主要转变为自媒体、小型民营媒体，以及更多进行自发式人际传播的网络用户。从这个层面来看，中国的媒介审判又与舆论监督的界限较为模糊。周泽区分了媒介审判和舆论审判这两个表述的差别，他认为，在互联网兴起之后，舆论的传播方式已发生了根本性的变化，舆论已可以不经过媒体把关人的审查而直接传播。这样，经把关人审查的职业化的新闻、舆论传播与不经把关人审查的自发性的舆论传播，便有了分野。从而，以职业化的新闻报道形式体现的反映媒体人意志的媒体审判和非以职业化的新闻报道形式体现的反映民众意志的舆论审判已具有不同的意义。② 而由于言论自由的内涵——公众舆论中的不同、不准确意见也应该得到保障，因此，目前我国的法律并未明确自媒体或网络用户的“错误评判”是否应该视作干扰司法审判的“报道”依规禁止。

在不明确媒介审判和舆论监督界限的情况下直接抑制言论自由显然是不符合民主、法治社会基本原则的。倘若在排除司法条件的情况下单纯考量媒介审判，其带来的影响实质只是巨大的舆论压力，在最极端的情况下也不一定能影响司法判决的结果，例如上文提到的“鲍毓明案”，即使在舆论已经罔顾事实且群情激愤的情况下，调查和审判结果也并没有受到影响。当然，并不是说走向极端的舆论是健康的，这场媒介审判虽然没有在法律上让鲍毓明被判有罪，但在事实上对他的名誉和生活造成了巨大的负面影响，此处需要明晰的是，这属于舆论治理的伦理道德问题，而绝非与司法独立相关的法律问题。

二、复杂社会条件下形成的媒介审判场域及其治理困境

媒介审判牵涉到多方主体——媒介组织、案件相关人员、司法机关、舆论（自媒

① 翁杨.新闻立法视域下的舆论审判及其规范原则研究[J].现代传播（中国传媒大学学报），2016，38（3）：48-55.

② 周泽.“媒体审判”、“舆论审判”检讨[J].中国青年政治学院学报，2005（3）：128-133.

体和民众)以及政府,这几方都不是缺少勾连的孤立主体。因此,媒介审判现象中的权力关系并不是一种主体—客体之间的简单关系模式,在这个由多方复杂主体构成的场域中,若要使媒介审判影响司法审判结果,必然是多方纠缠对抗的结果,譬如案件的焦点属性、当事人的身份性格、司法程序的公正公开程度、政府的舆论治理工作、自媒体和民众的媒介素养等,都是需要考量的影响因素。因此,如果必须要判断一个案件的审判结果最终是否公正,是否因为媒介审判而有失偏颇,最直接的方式可能是综合考量在司法程序中是否以事实为依据、以法律为准绳做出了独立的判断。例如,陕西省政法委书记宋洪武在“药家鑫案”审理终结后对该案的司法审判意图做出了解读:“药家鑫案的案情比较明确, 先是交通肇事, 然后故意杀人, 且法院认定有自首情节。最后为什么判处药家鑫死刑? 就是从法律、政治、社会三个效果考虑的, 不是单从法律效果一个方面考虑, 也不是迫于所谓的‘舆论压力’。按照法院的认定,药家鑫杀人灭口,‘犯罪手段极其残忍, 情节极其恶劣, 罪行极其严重。’虽然有自首情节, 但被害人家属不予谅解,社会反映强烈,如果不判处死刑,可能会对社会的道德价值观念造成负面影响。”①在法律、政治和社会三个要素中,媒介对社会因素的影响力相对较高,“药家鑫案”是在舆论狂潮中审结的,舆论的各种声音都竭力想对司法施加影响,但是这种影响的核心内容和最终指向是希望司法能够公开公平公正地审理案件, 从而真正体现司法公正,实现社会正义。所以说,在此次案件中舆论没有绑架司法,而是在一定程度上促进了司法公正,促使司法能够更加审慎地处理好司法程序的每一环节工作,充分注意到司法判决的法律、政治和社会效果,更好地实现司法的程序正义和实质正义。②

三、“媒介审判”失范的根源

上文将媒介审判置于舆论监督的语境下,从这个层面来说,媒介审判也是一种“媒介失范”的表现。要在具有即时性、匿名性、无限性、开放性等特点的网络媒介中维持健康、公允的舆论态势,对自媒体、民众以及政府都有着更高的要求,当下出现的媒介乱象有一部分原因在于主体能力的不足。

自媒体新闻失范是较为突出的表现。自媒体作为网络内容生产的重要主体,素质参差不齐,从草根到精英都可能成为某一话题的舆论领袖。大部分自媒体创

---

① 法制日报.陕西省政法委书记:药家鑫被判死刑不单考虑法律效果[N/OL].(2011-07-04)[2023-02-01].https://news.cntv.cn/law/20110704/107076_2.shtml.

② 慕明春.法治与理性的胜利:对“药家鑫案”的舆论影响考量[J].当代传播,2011(5):41-44.

作者并没有受到过系统的新闻生产训练，不具备或不完全具备查证信源、客观公正等新闻专业素养，甚至会有捏造信息、散布谣言的行为。接触到这些信息的网络民众的媒介素养也参差不齐，部分民众不能很好地判断信息的真假，这使得一些营销号通过编造煽动性、情绪化、有引导性的内容，利用民众的朴素正义观，激起冲突对立，在参与舆论监督的过程中情绪先行，以非理性的状态围观新闻案件，忽视事实真相本身，对案情进行主观臆断。而主流媒体和政府在汹涌的舆论洪流面前通常处于较被动的状态，案件的推进需要时间，专业新闻生产也需要更严谨的把关流程，在即时性上无法胜过组织松散的自媒体，难以满足民众急切的知情欲，这导致民众时常处于捕风捉影、依靠一些琐碎信息推测事实真相的状态，在这一过程中如果受到情绪化自媒体新闻的影响，就可能引起群体极化，造成较大规模的社会失范。

大众媒介的职业规范和道德问题与媒介失范并非单方面的决定关系。郑根成认为，传播伦理问题并不能仅仅归咎为大众传媒的道德失范，传播伦理研究的滞后和不足可能需要承担一部分责任。在媒体运作中，合法与合乎伦理的界限尚未有明确界定，人们也许会就某个现象讨论媒体的伦理责任，可最后的处理却大多只能诉诸法律。克利福德·克里斯蒂安等人曾明确指出："传播伦理常常遵循这样的模式——最后退到以法律作为唯一可靠的指导。"这种合法与合乎伦理之间界限的模糊，使媒体在实践运作中更多地考虑法律规范而不是社会的伦理要求或它的伦理责任。①

此外，大众传媒固然引导舆论，但社会舆论与大众传媒之间还存在着一种互动关系：一方面大众传媒承担着舆论引导、道德教化等功能；另一方面，大众传媒在舆论导向中持何种立场又与社会意识形态和公众兴趣密切相关，即社会意识形态会影响大众传媒的价值取向，而公众的趣味也会影响大众传媒的节目风格。高速发展而长期处于转型期的中国，积累了许多亟待解决的社会矛盾，民众对这些问题较为敏感。为了最大限度地争得注意力，大众媒介不惜以刺激眼球却有失偏颇的内容为噱头，而从受众处得到的有效反馈又使这一循环更加牢固。因而，媒介失范的治理需得是多方面、多层次的共同发力，从职业规范、媒介素养、伦理研究到社会文化都需要齐头并进。

---

① 郑根成.对大众传媒道德审判的伦理反思[J].浙江大学学报(人文社会科学版)预印本，2009(5)：10-15.

第四节　重视舆论监督与司法独立的平衡

在中国国情下，媒介审判对司法独立的侵害不需要过度夸大，讨论如何平衡舆论监督与司法审判是媒介审判研究应该思考的实质问题。孔洪刚认为媒体、舆论介入司法审判推进了司法监督，丰富了程序正义的内涵。① 舆论监督是公民行使言论自由和批评建议权利的表现形式，它可以监督司法审判的公权力，使之在"阳光"下公正运作；但是，舆论监督同时还需要遵循一定的法律边界，不能干预司法的独立运作。

司法机关内部应该建立完善的信息发布制度，如新闻发言人制度、记者招待会制度等，这样才能及时、准确、有效地回应媒体和舆论的监督，便于公众及时了解案件信息，减少媒体的误导与公众的误解，确保信息发布的统一真实，从而维护司法公正的权威。法院应切实加强与媒体之间的沟通及合作，建立法院与媒体之间的良性互动关系。只有给予媒体以充分的自由，才可能调动媒体的积极性，从而形成大量以信息为主要形式的公共空间。在司法审判的过程中接受公众和媒体的监督，才能够取得公众的信任，巩固司法的公信力。司法机关自身也要加快司法改革进程，增强司法的独立性，严厉打击司法腐败，减少司法公正对外部因素的依赖。司法部门还应加强自身队伍建设，增强法官的独立意识和抗干扰能力，确保其在面对舆论压力时能够冷静理性地做出判决，消除媒介审判的负面影响。

媒体需要加强自律，遵循合法、理性、平衡的原则。例如，对正在进行的司法活动进行客观报道描述，避免主观性和倾向性报道，不对案件的实体问题发表评论，避免造成对审判的不当干扰，影响对案件的公正审理。记者在对案件进行报道时，应该一切从实际出发，对抗辩双方的言辞予以平衡报道，平等展示双方的发言，客观公正地进行报道与评价，避免出现媒介审判现象。此外，媒体要坚持适度原则，在行使自身舆论监督权利的同时，要遵守法律法规和法定程序；对庭审阶段的案件不发表任何带有倾向性的评论，以维护法律的权威。媒体要提高自身舆论监督水平，不仅应该倾听吸收社会各界的声音，还应该提高自身的专业素养，提升自己的法律水平，在与专家、公众的对话中形成理性客观的报道议题。

---

① 孔洪刚.论媒体舆论介入司法审判的合理性与正面价值[J].新闻界，2012(9)：47-51.

思考题

1. “媒介审判”的含义是什么？

2. 结合中国语境，谈谈你对媒介审判与司法独立之间关系的认识。

第九章　版权保护与开放共享

2022年11月，号称“全球最大的数字图书馆”和“全球最大的科学文章存储库”的网站Z-Library遭到美国政府屏蔽，网站的多数域名网址被查封，其创始人兼经营者受到刑事指控并在阿根廷被逮捕。11月16日，美国司法部公开发布了对作为Z-Library创始人的两位俄罗斯公民Anton Napolsky和Valeriia Ermakova的起诉书，二人被指控犯有侵犯版权、电汇欺诈和洗钱罪。①而仅在两个月后，Z-Library便在社会力量的支持下以镜像等形态再度“复活”，充分显示了其生命力之顽强。事实上，Z-Library在近年来曾多次受到大型出版商的起诉，其多个域名网址也数次遭到屏蔽或暂时封禁；但其仍不断凭借技术手段对抗监管部门的审查并维持着自身的存续。

这些有着“影子图书馆”之称的线上数据库包含书籍、学术期刊文章等内容，因为其内容供应大多建立在侵犯版权的基础上，所以这些数据库虽然在道德层面广受社会支持与认可，但在法律层面依然具有本质上的违法属性，其存在便具有明显的脆弱性与不稳定性。这些数字时代出版业中不断出现的激烈版权战，也再次将版权保护与开放共享这对带有矛盾属性的议题带入我们的讨论视野。

第一节　矛盾主体：知识的双重属性

版权(Copyright)，或称著作权，是知识产权(Intellectual Property)的重要组成

① Department of Justice.Two Russian Nationals Charged with Running Massive E-Book Piracy Website[EB/OL].(2022-11-16)[2023-02-19].https://www.justice.gov/usao-edny/pr/two-russian-nationals-charged-running-massive-e-book-piracy-website.

部分。知识产权属于一种新型的财产权形式，而著作权在财产权的基础上兼顾了人身权属性，在我国法律中涵盖发表权、署名权、修改权、保护作品完整权、复制权等十七项具体权利。[①] 版权出现于印刷媒介诞生和资本主义兴起的历史阶段。[②] 在商品经济快速发展的背景下，商品关系延伸至知识领域，版权的发展也与知识商品化的进程形成了深刻的互嵌。产权是市场的必要条件，当产权的概念覆盖到知识——这种在从前的社会认知中类似于公共财产或难以被商品化的东西，知识便随之被赋予了产权所携带的私有财产属性，如土地、森林等有形资产；而知识也就能够顺理成章地步入资本的掌控。因此，著名知识产权学者博伊尔直接以第二次“圈地运动”形容当代知识产权的扩张，以说明其与英国圈地运动之间的深度相似之处。[③]

然而，即使在知识商品化的视角下，人们对于知识的属性界定也依旧莫衷一是。贝克立足于传媒内容生产的角度，指出传媒产品具有明显而重要的“公共物品”属性，符合经济学在公共物品界定中强调的非竞争性（non-rivalrous）与非排他性（non-excludability）两大面向；[④]这一思路也在学界对信息产品的讨论中广为沿用。在科学知识生产的角度下，人们对知识产品的公共性主张更加鲜明，并且形成了较为清晰的理论脉络。科学公有主义是科学共同体内部所共同认可和秉持的一套价值规范。默顿在《论科学与民主》中提出科学的四大精神气质，即“普遍主义、公有主义、无私利性和有组织的怀疑主义”；而后，默顿也在知识论意义上对传统的科学公有主义进行了诸多阐释和总结。“公有主义”作为科学共同体与政府、社会之间基于公共知识生产使命形成的“集体契约”的制度性要求，构成科学系统与社会系统良性互动的基础，促进科学知识生产与整个社会生产体系之间交换关系的形成。[⑤⑥]

总体来看，学界对于知识的理论探讨长期处于“公共—私有”的基本格局之中；晚近西方学界则逐渐出现一种中间地带转向，通过重新关注和反思“公地”

---

① 中华人民共和国著作权法[EB/OL].(2020-11-19)[2023-02-19]. http://www.npc.gov.cn/npc/c30834/202011/848e73f58d4e4c5b82f69d25d46048c6.shtml.

② 贝蒂格.版权文化：知识产权的政治经济学[M].沈国麟，韩绍伟，译.北京：清华大学出版社，2009：10-12.

③ BOYLE J. The second enclosure movement and the construction of the public domain[J].Law and contemporary problems, 2003(66):33-74.

④ 贝克.媒体、市场与民主[M]. 冯建三，译.上海：上海人民出版社，2008：17-18.

⑤ 李正风.再论科学的规范结构[J].自然辩证法通讯，2006(5)：53-59，42，111.

⑥ 丁大尉，李正风.开放获取知识共享模式的理论溯源：从知识公有主义到学术资本主义[J].自然辩证法研究，2021，37(6)：73-78.

(commons)概念,展开对于知识公地的理论探索,发掘公共范畴与私有范畴之间的弹性空间,以超越公私格局的新视野重新理解数字时代互联网中出现的以分享为核心的传播行为。默多克对道义经济这一分析视角的引入,为公有、私有与共享之间的辩证关系提供了新的解读思路;其对数字时代公共文化公地建设的呼吁也成为公地理论视野下的一种代表性思路。[①]

如今,知识资源已然成为推动社会发展的主要动力。相较于农业经济、工业经济,以人类智力资源作为核心支撑的知识经济已经发展为一种新的生产方式,为社会结构、关系以及发展模式等方面带来深刻影响。[②] 在知识经济的语境下,围绕版权问题产生的伦理难题及争议在根本上源自知识本身所具有的公共性与商业性的双重属性。科学公有主义的价值主张与出版商所拥有的版权之间构成了利益和价值层面的双重矛盾。知识产权作为一项制度性的保护力量,已经成为知识经济条件下市场竞争的重要工具,同时也构成市场垄断的一大诱因。[③]垄断的出现不可避免地催生社会抗争,版权保护与开放共享逐渐在社会发展过程中成为矛盾但具张力的两股力量。自 20 世纪 70 年代起,自由软件运动、开放源代码运动等倡导知识共享的运动陆续兴起,学术领域的开放获取(Open Access)运动作为这一系列运动中的一个组成部分,[④]如今正在步入新的发展阶段,开放获取理念也在持续引领学术出版的商业模式变革。

---

① MURDOCK G. Political economies as moral economies: commodities, gifts, and public goods[M]//WASKO J, MURDOCK G, SOUSA H. The handbook of political economy of communications. London: Wiley-Blackwell, 2011:13-40.

② 吕明瑜.知识产权垄断呼唤反垄断法制度创新:知识经济视角下的分析[J].中国法学,2009(4):16-33.

③ 吕明瑜.知识产权垄断呼唤反垄断法制度创新:知识经济视角下的分析[J].中国法学,2009(4):16-33.

④ 张立,崔政,许为民.开放获取:科学公有主义的当代形塑[J].自然辩证法研究,2014,30(1):37-42.

第二节　思想溯源：版权制度下版权思想的历史发展与建构逻辑

一、版权制度的兴起与发展

版权概念最早在西方被使用，著作权法在欧洲很早便形成基本框架。英国最早对版权立法，颁布于1710年的《安妮女王法令》（下文简称《安妮法令》）成为世界上第一部版权法，这一法令的通过也标志着版权从审查制度中分离出来，并在财产权而非管制体系下完成了对版权制度的重构。①在《安妮法令》之前，英国曾于1662年颁布《授权法》作为规范出版行为的法规。《授权法》赋予了出版商垄断性的权利，在该法规于1695年失效后，旧有垄断性出版商面对英国出版业市场日渐激烈的竞争，迫切需要一部新法案来继续维护其在出版业的专有控制权与利益优势；这一背景构成了《安妮法令》诞生的重要推动因素。该法令的制定过程包含了多方力量的博弈。彼时在启蒙运动的背景下，教育与大众知识传播的重要性被广泛强调，知识应免费自由获取的观念成为重要主张；基于增加市场竞争、促进文化建设与传播的意图，并兼顾出版商的利益平衡，议会最终对现有作品设定了21年的版权保护年限。②作者将作品完全出售给图书销售商，引发以争夺版权保护的期限长短为核心的商业竞争。③直到1774年著名的“唐纳森诉贝克特案”后，《安妮法令》的意志才真正得以明确；该案正式否定了英美习惯法传统下对于永久性著作权的事实认可，并明确版权保护时限过后的作品将流入公共领域。

签订于1886年的《保护文学和艺术作品伯尔尼公约》（简称《伯尔尼公约》）围绕版权问题对多项经济权利、精神权利做出规定，④成为世界上第一个保护版权的国际公约。世界多数国家在早期均围绕《伯尔尼公约》进行著作权法的制定。而随着技术的发展，特别是数字技术的出现，知识产品复制与传播成本进一步降低；盗版生产的低边际成本加速扰乱着市场秩序，而这也呼唤着国家层面对于版权保

① 罗斯.版权的起源[M].杨明，译.北京：商务印书馆，2018：63.

② 莱斯格.免费文化：创意产业的未来[M].王师，译.北京：中信出版社，2009：63-71.

③ 罗斯.版权的起源[M].杨明，译.北京：商务印书馆，2018：13.

④ 《保护文学和艺术作品伯尔尼公约》（1886年）提要[EB/OL].[2023-02-19].https://www.wipo.int/treaties/zh/ip/berne/summary_berne.html.

护体系的完善与保护力度的加强。数字化技术下，从传统的“印刷版权”到“数字版权”的转向，为传统的版权制度带来新的挑战。①版权制度也在不断的修订中发展完善，以应对技术环境与市场变化中的新问题。

在版权制度的发展中，除新技术介入下市场中的新型版权问题为其带来的挑战外，商业利益的竞争亦混杂其中。迪士尼公司以米老鼠形象为代表的文化产品版权延期事件颇具代表性。大型商业利益集团的游说促成了1998年《著作权年限延长法案》（又称《Sonny Bono著作权延期法案》）的出台，成功延长了米老鼠等高盈利作品的版权保护年限，这只原本于2003年版权保护期满的米老鼠也因此被延长保护至2023年。

我国直到1990年颁布《著作权法》才真正建立起自己的版权制度，至今已进行了三次修订。在国内学者看来，由于我国现代版权保护制度实行时间较短，版权体系并不十分完善，版权公共服务运行和基础设施建设也有待进一步发展；总体来看，我国的版权保护基本仍处于初级阶段。②自2005年起，国家版权局等部门联合启动“剑网”行动，每年就打击网络侵权盗版展开专项治理，在加强版权保护、打击盗版行为的同时，也起到了较强的法律普及与社会警示作用。

二、有关版权思想的法律与价值建构：基于市场与文化逻辑

版权的诞生、兴起与发展呈现出法律与经济维度的相互建构，市场因素在版权发展的历史进程中发挥了决定性作用；与此同时，社会文化层面的伦理观念也在版权制度发展与版权意识构建中对社会的版权思想产生重要的塑造作用。市场逻辑主导下的法律建构与文化逻辑主导下的价值建构成为形塑社会版权思想的两条主线。

（一）市场逻辑下的法律建构

总体来看，版权思想在法律路径上的建构大抵包含三个主要环节：基于保障知识商品的持续再生产、对抗出版行业商业垄断等维护市场的目的，人们以法律形式确立版权制度；社会发展中的经济问题及矛盾深刻影响版权法的发展；而制度化、体系化的法律形态也进一步塑造并强化了社会的版权意识。

作为商品社会发展背景下诞生的一种现代制度，版权制度的出现在很大程度

---

① 刘祥国，李正生.数字化时代中国版权制度面临的挑战[J].人民论坛，2010(26)：88-89.

② 刘祥国，李正生.数字化时代中国版权制度面临的挑战[J].人民论坛，2010(26)：88-89.

上是商业竞争的产物，其核心也在于对市场的维护。纵观国际语境中版权制度的发展及其实践可以发现，版权法在规范和应用层面的发展过程也正是处理充满矛盾的市场以及技术介入下市场变化的过程，市场逻辑在其发展进程中贯穿始终。中国古代版权思想的发展亦呈现了与社会经济发展之间的关联。宋代出版事业繁荣发展，官方“出版权”保护制、封建特许制与社会经济文化发展之间的不匹配，推动了民间版权诉求的出现与版权意识的形成。① 也有学者指出，中国的自然经济模式在很大程度上造成了版权立法的滞后。②

版权法的出现意味着对这一私有财产的承认，而盗版行为也随之成为对他人私有财产的侵犯。有关版权的法律制度对版权思想具有较强的塑造力。相较于西方社会，中国的版权制度兴起较晚，中国的社会版权意识在国际参考坐标中也显示出了一定的弱势。伴随数字技术与数字经济的发展，互联网平台中各式各样的知识付费模式潜移默化地强化了人们对于版权的认知，而日渐完善的法律系统、依法展开的版权整治行动和对侵权盗版的打击处罚，则更是不断推动着社会版权意识的普遍形成。

（二）文化逻辑下的价值建构

从印刷技术到后来的数字技术，技术的发展令盗版生产具备更低的边际成本。版权系统能够为知识产品创造者提供创作动机、以版权保护所偿付的酬劳作为创作动力，但若仅在这一视角下对版权系统进行理解，版权系统便成为一种功能性的事物。事实不止如此，版权系统的形成与发展不仅包含经济层面的商业博弈，而且与社会文化产生了深层互动；人们对于版权的认知，不论是保护主义还是开放取向，其建构过程也通常融入了道德元素与价值倾向。

西方较早地完成了版权立法，在法律体系形成与发展的基础上，西方的个人主义文化也促进了社会有关版权的规则意识的形成。西方社会在历史中形成了平等、法治、私权等价值因子，“个人财产神圣不可侵犯”的观念深入人心，人们也更加强调个人权利与个人价值，并且注重对他人劳动价值及私人财产权予以尊重。有学者对古代中国社会的义利观对于中国版权保护制度形成困难的决定性作用做出阐释。不同于西方社会对于“私”的承认与对私利的追求，“去私”成为中国古代

① 徐枫.论宋代版权意识的形成和特征[J].南京大学学报(哲学·人文科学·社会科学版)，1999(3)：151-156.

② 杨文森.浅论中国古代的版权意识[J].兰台世界，2012(21)：25-26.

众多义利问题论辩的共同基点，重义轻利的价值观成为中国社会公认的价值核心，人们也以公利而非私利的实现作为价值追求；在这样的文化语境与伦理导向下，版权这一私权注定难以被孕育。[①] 也有学者提出，版权意识是由经济类型和文化的互动决定的，市场经济在其中成为关键；儒家伦理中的“仁”这一核心价值以及“重义轻利”的主张中蕴含着“爱人”“共享”等观念，儒家文化与市场经济的结合，成为中国消费者版权意识形成的重要路径。[②]此外，社会对于版权的认知也受到版权保护下的市场环境以及社会整体的版权意识氛围的影响。当大量触手可及的盗版软件、电子书遍布市场，人们便容易形成一种对盗版消费的认同，而对于随手下载盗版资源甚至进一步对其进行人际传播等行为，也会愈加地习以为常。

版权制度与版权思想的形成离不开伦理观念的塑造。现代信息伦理与版权制度存在紧密的内在关联，信息伦理构成版权制度的基础，后者则是前者的制度化实践，二者在规范层面具有相通性。[③]在文化逻辑的主导下，不同社会语境中孕育出的伦理价值因素，也在社会版权思想的历史发展中产生了较强的建构作用。

第三节　现实难题：版权中的伦理困境与争议

一、公私领域的利益冲突：版权垄断与数字盗版

互联网降低了复制的成本，从而也降低了非法复制的成本，与此同时，互联网也扩大了潜在市场的规模。非法复制的增加令版权所有者产生更多的利益损失，对于版权保护的不断加强的确能够产生更稳定的社会激励，然而就整个市场而言，版权保护力度的加大是否一定能促进市场效率的提升以及社会更加快速和持续的发展？

以版权为基础的市场运行模式加强了经济的集中化、规模化发展趋势，进而强化了版权所有者对于内容的市场控制。出版商曾经是推动版权法产生的幕后推手，强大的传媒公司也曾通过特定手段影响了版权保护的期限与范围。在自由市

① 胡长云.中国古代无版权制度问题之探析[J].出版发行研究，2015(3)：109-111.

② 徐媛媛，王润奇.从盗版到付费：当代中国知识青年版权意识形成的“伦理路径”[J].中国青年研究，2021(4)：106-112.

③ 韦景竹，李静静.信息伦理和版权制度的基本问题：关联、内涵和作用途径[J].情报资料工作，2013(2)：40-44.

场的竞争环境下，版权很容易自然地走向集中甚至垄断，在大型企业资本的掌控下，产生了一种新的“数字封建主义”。麦克切斯尼和福斯特直言：“版权在很久以前便已失去了保护作者利益的初衷目标，而已经成为使我们的共同文化得到大规模私有化保护的一项主要政策。”[①]在市场结构的这一发展趋势下，社会效率也会因之受到威胁。以学术出版领域为例，研究学会、学术期刊的出现使得知识界定权力与传播过程被制度化，并使得此前掌握于特权阶层的知识获得解放；在引文索引方法重建期刊秩序的基础上，学术刊物的订阅也在特定群体中形成了固定需求，使得期刊市场在很大程度上成为一种“非弹性市场”。这一市场很快吸引了资本的注意并开启了商业出版商并购学术资源的商业行为，学术期刊逐渐集中到 Reed Elsevier、Springer、Wiley-Blackwell、Taylor & Francis 与 Sage 五大出版商之手。[②]在技术极大程度地赋能知识传播的背景之下，掌握众多学术内容资源的学术出版商与数据库服务商依旧强调市场的逐利性而趋向于资源的垄断，并基于平台这一技术载体为知识的传播增设更大的障碍。它们选择遵循数字经济的市场性逻辑而抛弃科学公有主义理念，将学术知识资源划归为一种具有商品属性的信息，并通过商业资本与技术的结合来建构并加工知识资源的商品化形象。这些出版商与服务商不断以渐趋高涨的订阅或使用费用加固付费墙，同时利用其对于知识商品的垄断地位，在知识生产者与知识获取者之间进行双重利益攫取，造成了学术期刊市场的严重失序。商业利益与知识传播之间的矛盾在数字时代变得愈加尖锐。

传播系统的垄断结构促进信息与知识鸿沟的加深，排除了更多人对于创造活动与传播系统的参与。基于订阅与付费访问的学术期刊出版体制严重阻碍了知识传播与学术交流，中低收入国家的多数研究人员无力承担获取或访问的费用，出现知识获取不公平问题；[③]这也削弱了知识成果的整体影响力，在一定程度上影响了社会的整体利益。知识垄断现实与庞大知识需求之间的巨大裂隙也必然催生盗版的出现。Sci-hub、Z-library 等数字盗版平台作为抗争产物的出现，深受社会特别是学术群体的欢迎。在知识开放共享的价值导向下，现实中社会鸿沟等不平等矛盾进一步加速了盗版模式的发展以及以开放获取运动为代表的社会知识共享运动的高涨，人们试图从伦理层面重新切入，对学术出版环境及其规范进行重构。经济

---

① 麦克切斯尼，福斯特，郭莲.互联网与资本主义(上)[J].国外理论动态，2012(3)：1-11.

② 刘忠博，郭雨丽，刘慧.“掠夺性期刊”在学术共同体中的形成与省思[J].新闻与传播研究，2020，27(10)：95-109，128.

③ MATHEKA D M, NDERITU J, MUTONGA D, et al. Open access: academic publishing and its implications for knowledge equity in Kenya[J]. Globalization and health, 2014, 10(1): 1-5.

障碍的最小化能够在一定程度上帮助弥合数据鸿沟而实现知识的普惠,促进整体的科学知识传播,从而实现对知识生产力潜能的最大限度释放。

知识的创造有赖于社会积累,社会既有知识内容为社会提供了创新的基础,过高的经济门槛设置反而阻碍知识的流动与再生产。创作者的经济激励需求和其对于社会既有知识内容的需求之间需要一种平衡。知识公平的追求与知识共享的价值理念,与数字经济时代商业出版商和服务商的市场逻辑之间存在深刻矛盾。数字盗版牵扯公共领域与私人领域的尖锐冲突,版权保护的发展需要重视经济与伦理之间的张力,重新对市场效率以及社会整体的长期发展进行宏观把握。

二、数字时代的分享行为——以网络字幕组为例

2021 年 2 月 3 日,人人影视字幕组被上海警方通报侵权,消息一经传出,便涌上舆论的风口浪尖。11 月 22 日,上海市第三中级人民法院对此案进行开庭审理,最终以“侵犯著作权罪”对被告人实行有期徒刑、罚金等刑事处罚。人人影视字幕组 App 及其网站曾风靡一时,长期游走在版权灰色地带,最终,在知识产权保护的浪潮下因其侵权违法的本质而受到制裁。字幕组文化作为网络空间中以分享为核心的数字劳动与亚文化形态,其中所涉及的无名劳动、协同共享、文化传播等问题构成了版权议题中的重要伦理问题。

站在内容生产与消费的角度,字幕组工作在很大程度上展现出一种互联网空间中的礼物经济(gift economy)回归。有学者指出,字幕组工作是一种典型的知识劳工的弹性兴趣劳动。① 在信息社会背景下,拥有专业才能的网民基于共同的兴趣起点完成集结,自愿付出时间和精力进行知识劳动,最终通过协同创作完成文化信息内容的知识生产,并将创作成果在特定平台进行无偿共享。这一过程中,字幕组成员是内容的隐秘生产者,同时也成为消费者。与此同时,字幕组背后存在一种成员对于“结合新自由主义工作伦理与非营利的利他主义的劳动新价值”的认同②,这也进一步促成成员对于组织的认同,从而使得这一兴趣驱动的文化信息生产模式在缺乏报酬与管理的情况下能够持续运行。集文化消费、字幕生产和非营利传播于一体的字幕组在具备稳定内部动力的基础上持续展开志愿的、“利他的”分享实践,虽然版权的合法性疑虑在字幕组的发展中始终存在,但其还是依靠精神

① 曹晋,张楠华.新媒体、知识劳工与弹性的兴趣劳动:以字幕工作组为例[J].新闻与传播研究,2012,19(5):39-47,110.

② 胡绮珍.中国字幕组与新自由主义的工作伦理[J].新闻学研究,2009(101):177-214.

与行为上的道德优势，在社会中获得了广泛支持。

然而，在法律面前，道义优势并不能消除其违规内核。以人人影视字幕组为例，其平台字幕中虽然通常会注明“本字幕只供学习交流使用，请勿用于任何商业用途，下载后请于 24 小时内自觉删除”这样的“免责声明”，试图传递资源分享的主要意图并合法化自身行为，但其传播盗版内容的事实则注定无法在法律层面真正获得免责。此外，不少字幕组在发展壮大的过程中，逐渐违背了自身的原初价值，偏离早期的“为爱发电”逻辑并步入一种商业化路径，开始出现广告嵌入、售卖衍生品等盈利行为，这也进一步使其丧失了行为合理性。

站在文化信息流通与控制的角度，字幕组行为虽然客观上能够加强文化信息的流通与扩散，但也脱离了国家的监管审查，挑战了现有传播制度。字幕组的社会支持者时常对字幕组群体冠以“盗火者”“网络时代知识布道者”等称谓，以表示对其内容生产传播的文化意义的认可。然而，通过对影视作品的二次创作与资源的免费提供，字幕组文化形成了对以版权为手段的经济和文化控制的挑战，以及对国内管理部门对于影视文化产品的意识形态审查与传播监管的抵制，而这也带来了外来文化、价值与资本的隐性入侵；①国家管制的介入具有必然性。

数字时代，用户二次创作中的内容侵权问题始终存在甚至愈加严峻。近年来，随着知识产权保护行动的推进，迅播、快播等大型视频侵权平台陆续遭到查封，大量短视频侵权案件不断被裁判。互联网环境中，形式多样、手段隐蔽的侵权行为以及分散繁杂、不易分辨的侵权内容，提升了侵权者自我隐匿的可能，而在大量市场需求带来的高额利润的驱动下，盗版内容野蛮生长，网络侵权治理颇具难度。在我国知识产权保护体系不断完善与保护力度加强的背景下，国家有关部门对于忽视版权的字幕组文化进行了有力整治，这一过程本身也意在宣扬和引领“保护知识产权就是保护创新”的价值导向。②互联网环境下侵权行为、侵权内容以及侵权主体的识别与约束难度，为网络侵权治理带来了更多的困难和阻碍，而在这一环境下进一步调和版权保护、市场管理与知识创造、文化传播之间的复杂矛盾，在法律与伦理之间探索版权问题的更优治理思路，也成为当下版权治理中的重要问题。

---

① 张斌.中国字幕组、数字知识劳(工)动与另类青年文化[J].中国青年研究，2017(3)：5-12.

② 吴振东，兰天鸣.查的是“人人” 警示的是大众[EB/OL].(2021-02-04)[2023-02-21].http://www.xinhuanet.com/2021-02/04/c_1127065047.htm.

第四节　旧矛盾与新挑战：把握数字时代版权问题中的伦理路径

在版权保护与开放共享这对伦理议题中，知识作为矛盾主体，其本身所具有的公共性与商业性的双重属性，令人们对于知识属性与功能界定展开的争论长期存在，同时也成为版权发展过程中引发版权保护伦理难题的一项核心矛盾。而回溯版权议题中伦理观念形成的历史性建构路径，可以发现，版权制度以及社会版权思想的兴起和发展与社会经济和文化语境密切相关，版权思想的形成演进总体上包含市场逻辑主导下的法律建构与文化逻辑主导下的价值建构两条主线。

在知识经济时代，有关版权的伦理议题中的核心矛盾并未发生改变，数字技术的发展则进一步加剧了公共领域与私人领域之间的利益冲突，引发了诸多新的伦理难题与社会争议。一方面，在版权的形成阶段，书籍是知识生产的主要产品，利益主体集中在作者和出版社之间，知识的创造是相对简单而直观的过程；如今，多数知识创造过程包含了众多成员的参与，生产过程亦融入了劳资雇佣、协作共创等多重关系，形成了多元的利益相关主体与复杂的权力关系网络，版权所有者也更多地转向对掌握基本生产力与生产关系的资本所有者的依赖。另一方面，经济与伦理之间的张力关系也在版权议题中更加凸显。贝蒂格指出，“知识产权的单一特征与它促进信息和观念流动的结构性目标之间一直存在着一种张力”[①]。带有排他性的版权很容易成为助力资本集中的重要推力，在制度性规范缺失、政策性引导不足的情况下加速市场垄断结构的形成，造成知识产品市场呈现失序状态，进而加大了既有的信息与知识间的鸿沟。而市场垄断结构与新技术的结合，特别在数字经济与数字平台的发展语境下，往往会带来更加明显的社会排斥；大量无力为版权支付的人被排除在其专有传播系统之外，阻碍了多样性的创造以及知识的流动与再生产。

在版权问题的治理与引导过程中，有关主体还需进一步把握其中的伦理思路，增加伦理层面的考量，重视公私之间的利益调和，平衡以私人利益、市场秩序为导向的版权保护和以知识平等、知识流动为导向的开放共享之间的对抗，更深入地理解版权问题在实现市场效率提升与社会的长期可持续发展过程中的复杂作用。

---

① 贝蒂格.版权文化：知识产权的政治经济学[M].沈国麟，韩绍伟，译.北京：清华大学出版社，2009：7.

思考题

1. 什么是版权？版权保护的必要性是什么？

2. “开放获取”理念有哪些合理依据？

3. 数字和网络技术为版权问题带来了哪些新的不确定性？

第十章　公关伦理与媒介组织

现代公共关系在中国的发展经历了40年,最近十年发展速度最快。根据中国国际公共关系协会发布的统计数据:2021年,随着中国对新冠疫情进一步有效控制,公关市场开始恢复性增长。调查显示,2021年市场营业规模约为745.9亿元人民币,年增长率为8.3%,行业增速略高于GDP 8.1%的增速。相比2020年全行业688.7亿元的营业规模、3.1%的年营业额增长率,中国公关市场有了较大的恢复性增长。① 与此同时,关于公关行业伦理的讨论也进入了最激烈的阶段。

事实上,自现代公共关系诞生以来,公关就一直在介入媒体的新闻报道。追溯现代公关的起源,它"诞生于美国进步主义运动中,囊括了大众抗争运动、'媒体扒粪'运动、基督教社会福音运动、女权运动、环保运动、教育和医疗革新,以及重建市场竞争秩序、扩大民主权力、再造国际哲学等纷繁复杂的利益斗争和社会改良方案"等,因此,从一开始,"公关显著而充满争议地卷入政治、经济和文化诸领域,成为联结、贯通现代社会系统的经络,道德伦理建设和批判便成为整个行业在价值方向和行动纲领层面的重大课题"②。

就此,华中科技大学陈先红教授曾提出,公关与新闻媒体营造的是"囚徒困境",而要解决这一困境,在生态学范式下,"职业共生关系"是最理想的选择,"专业主义同构"则是这种共生关系下最理想的状态。③ 然而,从当前的中国现实语境出发,如上所述的"共生"与"同构"着实是"理想",确切地说,在我们刚刚意识到理想,还未进入追求阶段的时候,却走向了相反的道路,且越走越远。

---

① 中国国际公共关系协会.中国公共关系业2021年度调查报告[EB/OL].[2022-06-07].https://www.cipra.org.cn/site/content/4446.html.

② 胡百精,杨奕.现代公共关系伦理史纲[J].现代传播(中国传媒大学学报),2013(1):38-44.

③ 陈先红,刘晓程.专业主义的同构:生态学视野下新闻与公关的职业关系分析[J].新闻大学,2013(2):98-104.

第一节 实践范式的固化

公关发展的实践范式已经形成并固化。与现代公关诞生于美国一系列进步运动相同，中国现代公关的诞生和发展与中国社会生态紧密相连，这意味着要挑战固化的范式，不仅仅是在挑战公关与媒体之间的现存关系，更需要一股改变造就和滋生这种关系背后的生态环境的力量。

一、公关与媒体间的"非正式关系"

中国传媒大学冯丙奇教授曾对公关与媒体互动关系的研究做过梳理，大致从20世纪六七十年代开始，研究者们大都将二者的关系界定在"喜爱/仇恨"二元对立的框架中，"消息来源"是决定二元对立关系的源头。公关人员通过为客户组织新闻发布会、策划新闻事件、提供新闻稿件等形式，向媒体提供消息来源，持"公关强影响论"观点的学者认为，公关新闻材料对媒体而言拥有"绝对的重要性"，为媒体进行"信息补贴"；持"公关弱影响论"观点的学者则认为，尽管公关材料在议程设置中发挥着十分有效的影响，公关试图操纵媒体，但这并不影响媒体人员作为守门人的积极主动性，媒体更青睐新闻自主。所以，在公关与媒体之间出现了彼此评估，并基于长时期的互动形成了双方特定的权力机制。①

2015年2月5日，国家新闻出版广电总局通报的四起典型案件，都是在这种"强影响论"与"弱影响论"的博弈之下形成的特定权力机制，如媒体人员利用职务谋利。其中，新华社记者张小俊一案引起广泛关注。张小俊，新华通讯社经济信息编辑部《高管信息》专线编辑、记者，自2003年起负责新华社《高管信息》杂志综合版采编工作，在2008年8月至2010年11月间，收受北京迪思公关顾问有限公司50935元，为该公司发表宣传性文章48篇。张小俊被法院以受贿罪判处有期徒刑五年，国家新闻出版广电总局将其列入不良从业行为记录，终身禁止从事新闻采编工作。在该案中，根据张小俊的供述，迪思公关将写好的企业宣传稿件发送到其邮箱中，由他充当第一层把关人，看稿件是否符合发稿标准。他对稿件进行编辑之后提交到待编稿库下的高管专线，经由值班编辑及签发人审核，如果发表，自己则将

① 冯丙奇.双重守门人之间复杂的共生关系：公共关系从业人员与媒体从业人员之间的关系分析[J].新闻与传播研究，2007(3)：47-55，96.

稿件截图发回给迪思公关，此后即可获取按篇或者按字数给付的好处费，迪思公关以银行转账的形式付款。

在当下，中国的公关公司与新闻媒体之间，如上的互动关系极其常见。这背后的原因，一部分来自发布新闻稿件的难度——从一般流程来看，公关公司将新闻通稿发送给媒体后，由媒体人员评估其新闻价值并视版面情况确定稿件发布与否。但是，从实践经验来看，媒体自主发布的情况比较少见，所以公关公司为了帮助客户提升产品在媒体上的宣传效果，就选择向媒体人员支付一定费用，获取发布机会。久而久之，这种模式成为一种"行业通则"，于是，公关公司在客户与新闻媒体之间扮演的"掮客"角色也就固定下来。

在冯丙奇教授的研究中，公关伦理与媒体伦理紧密相连，部分媒体伦理失范现象与公关领域的"非正式媒体关系"有着直接联系。他将媒体伦理失范现象总结为四大类：第一，有偿新闻现象，包括直接形式或间接形式，现金形式或非现金形式，实物形式或非实物形式等；第二，新闻从业人员的兼职现象，即新闻从业人员以不同形式参与其他社会组织的活动并从中获利；第三，新闻交易行为，指以新闻报道进行交易，包括与广告投放关联、新闻广告、以负面报道加以要挟甚至敲诈等不同形式；第四，新闻从业人员的私人关系对报道的影响现象。① 可以说，媒体伦理失范不一定直接与公关伦理失范相关，但是，公关伦理失范行为再加上媒体人员的"就范"势必会导致媒体伦理失范。

以 2011 年为起点计，每年都会爆出多起公关公司向媒体输送利益导致的违法案件。例如，2011 年的"达芬奇事件"，由媒体人承担中介角色，公关公司成为洗钱的渠道，数名中介人涉嫌敲诈勒索；2012 年，中央外宣办等四部门开展整治非法网络公关行为专项行动，以删帖生意为主业的两家广告传媒公司被警方调查，此外，多家门户和搜索网站涉案人员被抓；2013 年的"陈永洲事件"，《新快报》记者收受他人钱财连续发表大量失实报道；同年，杭州《今日早报》《都市快报》《每日商报》三家媒体的三名财经记者被控涉嫌受贿，收受多家公关公司钱款，金额累计达 500 余万元；2014 年，中央电视台主持人芮成钢被调查，其曾长期持有股份的北京帕格索斯公关顾问有限公司浮出水面，该公司曾在芮成钢持股期间为中央电视台财经频道提供服务……这些案件无一不属于上述四种"非正式媒体关系"的范畴。

① 冯丙奇.论非正式媒体关系活动导致的媒体伦理失范现象[J].国际新闻界,2011,33(6):64-70,79.

二、“非正式关系”的伦理拷问

“传统的中国文化强调权威、和谐、秩序和关系，尤其强调‘关系’这种独特的社会政治资源。人们凭借关系强化双方的社会交往并达成合意的结果。这使中国的公关运作与西方经典模式有明显差异。”[①]在这一差异下，公关与媒体间的“非正式关系”成为区别于西方公关实践的“中国特色”，也正是在这一特色之下，中国的公关伦理实践更为艰难。

学界一直在关注公关范式创新的问题。陈先红教授从“公关生态学”的角度，提出“关系生态管理”概念，认为，“公共关系是指组织—公众—环境系统的关系生态管理。具体地说，就是社会组织通过调查研究和双向传播建立具有公众性、公开性、公共性和公益性的关系生态，以确保社会组织的良性运行和协调发展”[②]。因此，“公关在本质上成为一种‘关系居间者’，其本质属性是‘公共性’，它坚持第三方立场的中间道路，通过伦理方法、文化影响和制度改造，追求组织利益、公众利益和公共利益的平衡与统一，最终建立信任和谐的关系生态。”[③]胡百精教授则基于对话视角提出了“公关对话范式”，在对话中成就信息共同体、利益共同体和价值共同体。[④] 他认为，在事实层面的对话指向实用主义取向公关的工具论和效用观——公关不应也不能回避其功利主义追求，而价值对话则指向价值理想取向公关的目的论、道义观，在社会关系的生成和维护中，对话以自足为目的，而不只是工具，并在此基础上由“信任”和“利益”两个范畴出发，提出“事实—价值”整体建构的公关伦理框架。符合公关伦理标准需要满足如下条件：有利于信息传播，即对话而非对抗、讲真话；有利于互蒙其惠，即相互适应，平等互惠；有利于建立信任，即坚守专业准则，担当社会责任；有利于分享意义，即遵从公共道德，奉行“绝对律令”。[⑤] 绝对律令是康德用以描述人类普遍道德规律和最高行为准则所使用的词语，康德认为：“凡是对于一个人来说是正确的，对所有人也都是正确的。‘绝对’在这里意味着‘无条件’，没有任何情有可原的情况，没有任何例外。正确的就是

① 张明新，陈先红，赖正能，陈霓.正在形成的“认知共同体”：内地与台湾公共关系从业者职业认知比较研究[J].新闻与传播研究，2014，21(2)：35-55，126-127.

② 陈先红.“关系生态说”的提出及其对公关理论的创新[J].当代传播，2004(3)：26-28.

③ 陈先红，刘晓程.专业主义的同构：生态学视野下新闻与公关的职业关系分析[J].新闻大学，2013(2)：98-104.

④ 胡百精.中国公共关系30年的理论建设与思想遗产[J].国际新闻界，2014，36(2)：27-41.

⑤ 胡百精，杨奕.现代公共关系伦理史纲[J].现代传播(中国传媒大学学报)，2013，35(1)：38-44.

正确的，即使在最极端的条件下也必须做到。即使天塌下来，我们也要做道德上正确的事，不论结果如何。"①

然而，不论是从"公关生态学"还是"公关对话范式"来看，目前中国公关实践中特有的存在于公关与媒体之间的"非正式关系"都无法消解。前者试图通过"伦理方法、文化影响和制度改造"的形式达成多方利益的统一，用遵守伦理规范的方法解决现存伦理问题，如果公关主体不具备自主性，那么该方法就不会奏效，而事实上，在当下中国公关生态环境下，公关主体不处在危机情况下是不会有类似自主性的；后者倡导从各个层面上奉行"绝对律令"，然而，"绝对律令"在实践中因各种因素的制约，几乎难以实现。

第二节　新媒体的发展加剧两难困境

新媒体技术的发展，就像是在固化的实践范式基础上加了一味黏着剂，让"非正式关系"更加难舍难分。

一、公共关系对新闻媒体"消息来源卷入度"的贡献

如本章前文所述，刚刚过去的十几年，正是公关行业呈倍速发展的十几年。催生公关市场发展的因素源自多方面，比如活跃的市场经济增加了各类组织对公关的需求；整个市场的公关意识日益增强；公关人才的增加；公关在中国的职业化程度越来越高等。

自改革开放以来，中国市场的需求促使公共关系行业的出现。在《中国公共关系市场发展史概要》一文中，国际关系学院副院长郭惠民教授对 20 世纪 90 年代中国公关市场崛起的标志性事件进行了总结。其一，继 1984 年伟达公关在北京设立办事处后，1985 年国际公关公司博雅以与新华社合作的方式进入中国，并促成中国第一家本土公关公司——中国环球公关公司成立。此后，国际上的奥美、爱德曼、福莱、罗德、凯旋-先驱、万博宣伟等相继进入中国。其二，1996 年，中国本土公关新生代的代表蓝色光标公关公司在北京诞生。整个 20 世纪 90 年代中后期，IT 产业的发展带动和催生了一批本土公关公司，如宣亚、迪思、灵思、海天网联等。这批本土公关公司的崛起使中国公关市场的中外竞争发生变化，新的市场格局得以

---

① 克里斯蒂安，等.媒体伦理学：案例与道德论据[M]. 蔡文美，等译.北京：华夏出版社，2000：14.

形成。其三,1997年,中国国际公共关系协会和中国公共关系协会联手启动中国公关职业的论证工作,并于1999年诞生了当时国家劳动和社会部正式认定的公共关系职业定义和标准。职业化的进程推动了公关市场和产业的进一步发展。①

与此相应,公关在新闻媒体"消息来源卷入度"上的贡献也随之增大。卷入度可以分为卷入广度与卷入密度,前者指消息来源的新闻覆盖面,后者指消息来源在其覆盖新闻中出现的个数以衡量其发出声音的强弱。有研究者选取了《人民日报》《广州日报》《楚天都市报》及《羊城晚报》四家媒体的报道进行统计分析,发现:来自企事业单位类和专家学者类消息来源的卷入广度位列第三、第四名,仅次于中国政府与群众代表;但是在卷入密度上,二者位列第二、第三名,仅次于群众;同时,企事业单位类消息来源更倾向于卷入《广州日报》的新闻中,这与其地处中国市场经济改革前沿阵地有关。②

当然,媒体对企事业单位的报道也会直接影响其舆论环境,因此,公共关系对新闻媒体消息来源卷入度可以进行双向解读:一方面,媒体依赖公关提供的消息补贴;另一方面,为了营造良好的舆论环境,企事业单位及其雇佣的公关公司会尽可能介入媒体报道之中,试图正向引导公众认知。换言之,卷入度可以再现公关与媒体之间博弈的互动过程。

于是,一旦公关主体发现负面报道或意识到可能会出现负面报道,尤其是伴随移动互联时代的到来,信息传播的及时性、广泛性、互动性、易传播性、聚合性更加突出,公关主体会小心谨慎采取各种公关手段消除危机。在财经公关领域中,这种现象极为常见。《负面舆情对上市公司股价波动影响的实证研究》通过对2011年3月1日至2013年3月31日"中国上市公司舆情中心""和讯网"两大专业财经资讯网络平台的负面舆情消息的研究发现③:负面舆情的报道对上市公司的股价形成了显著的冲击;采用临时报告回应负面舆情,虽然有助于化解公众的理解偏差,有利于信息传递,但负面舆情所带来的声誉损失并不能得到短期消除,而寄希望于用"沉默"换取"遗忘"的"不作为",同样无法避免上述问题。因此,财经公关与财经媒体往往最容易触犯伦理底线,新媒体的出现更是加深了公关与媒体的"合作"深度、拓宽了两者的"合作"广度。

---

① 郭惠民.中国公共关系市场发展史概要[J].国际公关,2014(2):38-40.

② 陈先红,陈欧阳.公关如何影响新闻报道:2001—2010年中国大陆报纸消息来源卷入度分析[J].现代传播(中国传媒大学学报),2012,34(12):36-41.

③ 史青春,徐露莹.负面舆情对上市公司股价波动影响的实证研究[J].中央财经大学学报,2014(10):54-62.

二、新媒体竞争环境下的公关伦理三大陷阱

企业组织希望树立品牌形象、营造良好舆论环境，因此，有求助于媒体的需求；而媒体也有求助于公关的需求：一方面，从媒体从业人员个体来看，他们有追求名利的可能性，另一方面，新媒体带来了更加激烈的媒体竞争环境，媒体作为组织面临着更大的生存与运营压力，因此，需要开拓更多能够带来利益的合作方，公关成为主要渠道之一。公关与媒体的“合作”，有多种表现形式，主要有：公关公司充盈“掮客”角色、媒体公关化、企业媒体化。

（一）公关公司：充盈“掮客”角色

新媒体技术的发展，为信息传播提供了更多的发布平台，这就对公关公司了解媒体渠道、引导媒体报道提出了新的挑战。同时，公关与广告、促销之间的界限更加模糊，整合营销、跨界传播形成的合力才是客户最看重的能力。所以，公关公司在强化自身能力建设、提升整合营销传播能力的同时，也不断开拓新兴媒体渠道以及发展有影响力的自媒体人。不过，这种整合营销之下，也会有隐忧，公关与媒体之间的“非正式关系”有可能会移植到更多机构或者个人身上。明码标价的明星大V、网络红人、微信大号，尽管都是通过新媒体平台发布消息，但是他们的身份在公关人员看来与传统媒体的从业人员无异。

（二）媒体：公关化

新媒体蓬勃兴起，传统媒体运营压力增大，媒体行业竞争环境日趋激烈。高压之下，新媒体平台如微博、微信、抖音、小红书等一步步摸索盈利渠道，公众不再是简单的受众，而是已然转化为这些媒体的用户，将新闻获取、社交维系、语音通话、网络支付、网络购物、网络游戏等合为一体。相较之下，传统媒体出现诸多分化，但是总体来看有这样三大方向：

第一，将内容与运营剥离得更清晰，两条腿走路。将传统媒体作为专业内容提供者的身份最大化，在既有传统媒体形态的基础上，拓展同一媒体品牌在新媒体平台上的诸多版本，延展受众，同时拓展多向度的运营模式。例如，财新传媒依托专业的团队和强大的原创新闻优势，以网站财新网、期刊《新世纪》《中国改革》《比较》、财新视频、财新图书、会议等多层次的平台，为受众群提供深入的财经新闻和资讯信息服务。在总编辑胡舒立看来，“无论是新媒体还是传统媒体，只要是在新

闻传播行业，就应当在新闻组织内部建立并且坚持经营部门与编辑部门间的防火墙，防止广告商利益影响新闻传播的公共责任。防火墙建立在分工的基础上，必须明确广告部和经营编辑部之间有一道无形的墙，广告销售部门在任何时候、任何情况下都不能指挥、左右、影响新闻编辑部门，新闻编辑业务必须独立于公司的广告利益，要坚决杜绝所谓客户保护名单”。

第二，内容与经营合体，像产品经理一样做媒体。例如，2013 年 10 月《中国经营报》的总编辑李佩钰发布内部改革的动员令，自 2014 年起报社实行项目制，像互联网公司一样创建项目团队，市场开拓方面的岗位增加，出版流程岗位大幅缩减，把传统媒体资源转化成新媒体环境下的资源，把影响力转移到“线上”，把收入模式转移到“线下”，把“次售销”变成多维度销售，把单一的广告模式变为协同利润模式，实现组织平台化，产品多样化，收入多元化。有的媒体未必如此明确提出项目制等策略，但是走这个方向的媒体不在少数。

第三，介于以上两者之间，在传统媒体既有的影响力基础上，直接或间接出售媒体版面/时段，走上了媒体公关化的道路，意即自主向客户靠拢，将自家媒体多方面的资源捆绑销售，并为客户提供整合营销方案。当然，在这个过程中，媒体可以自己联系既有广告客户，也可以通过公关公司这一中介来实现。

这三大方向中，后两者都是走在刀锋上的舞者。由于内容与运营之间的界限变得模糊，为媒体的权力寻租提供了空间，为公关伦理挖下了陷阱。以 21 世纪网为例，2014 年，《21 世纪经济报道》发行人沈颢、总裁刘冬、副总编周斌等人，被指与上海润言、深圳鑫麒麟等公关公司相互勾结，指使下属媒体记者通过各种途径主动挖掘拟上市公司与上市公司的负面信息，迫使 200 余家公司签订合作协议，收取“广告费”，使企业陷入危机。上海润言投资咨询有限公司与深圳鑫麒麟，是专为上市公司和拟上市公司提供服务的财经公关公司，前者在同行业内排名第一位，后者则在同行业市场占有率领域位列第三。据透露，在 21 世纪网的广告经营额中，一半来自上市公司和拟上市公司。自 2010 年起，仅上海润言一家公关公司就介绍了数百家客户给 21 世纪网，签订的广告费达 5000 多万元，上海润言从中提成 10%左右。企业出钱、公关公司搭桥、媒体寻租提供保护，让公众丧失对负面消息的知情权，这一模式已经成为行业潜规则。据刘冬供述：与 70—75%的新上市公司签订广告投放合同，是上级对 21 世纪网的业绩考核标准之一。[①]

① 涂重航.21 世纪网“有偿沉默”利益链调查［EB/OL］.（2014-09-11）［2023-02-03］.http://www.bjnews.com.cn/news/2014/09/11/333233.html.

(三)企业:媒体化

企业媒体化,主要包括两种路线。一是企业向传媒投资入股,如万达集团投资《华夏时报》,腾讯持财新传媒近20%股权,复星集团先后涉足广告代理、网络媒体等多个领域,先后与《21世纪经济报道》《现代金报》《武汉晨报》《现代快报》《环球企业家》等进行了整体合资,有消息称,复星集团在传媒领域的投资总额不下于20亿元。二是随着移动互联技术的发展,“万物皆媒介”变得越来越具有可行性,企业本身也可以兼备媒体化特质,如百度、腾讯、阿里巴巴、小米公司等,它们本身是企业、科技公司,而其提供的商业平台又足以承担起媒体平台的角色。这两条路线,都有为公关伦理埋下隐患的可能性。

第三节　公关伦理与社会生态的整体协同

由于中国特殊的人伦传统,公共关系在中国具有强烈的本土化特色。有人说,随着新媒体尤其是自媒体的发展,企业组织对公关公司的需求会减少,因为客户可以直通媒体,因此,它们能绕开中介。但是,从目前来看,第一,各个平台大V的出现意味着另一种媒体渠道的出现,媒体渠道增多而非减少,客户选择增多,更加需要公关公司帮助决策;第二,公关公司不是减少了,而是以另外一些形式出现,比如媒体向公关公司转变,帮助承办论坛、活动;第三,公关业务的融合性越来越凸显,公关不再简单地等于发稿,而是深度整合营销(融合了软广、硬广、新闻、活动等更加多样的形式)。因此,在既有的公关实践范式固化的基础之上,新媒体又为公关伦理提出了更多的挑战。对于公关人员而言,核心价值的判定和利益的取舍变得更为复杂,有必要在具体的语境下展开进一步的考量与讨论。

面对社会转型和传播技术的迭代升级,可以预见的是,权力的渗透、商业的裹挟,正在浸透整个公关行业。也就是说,中国现实语境下的公关伦理实践之困,依靠公共关系与新闻媒体的“职业共生”和“专业主义同构”难以解决。当下的公关伦理困境,为整个社会生态所困,这也恰恰说明,在呼唤公关伦理的同时,只有媒介伦理、广告伦理、娱乐伦理、商业伦理等方方面面的提升,才能有助于公关伦理的落地。当然,在阳光无法照进现实、实践与理性背道而驰的时候,我们不能就此放弃理性。如果公关伦理不能解决当前的越轨问题,我们可以诉诸的,还有法律。

思考题

1. 如何评价现代公共关系业的兴起对新闻实践产生的影响？
2. 怎样规避公关行为引发的媒介失范现象？

下编　媒介伦理前沿

第十一章　自媒体传播伦理

第一节　自媒体及其传播特征

一、自媒体的媒介形态

自媒体(we media)概念产生于2003年。2003年1月,美国IT专栏作家丹·吉尔默在《哥伦比亚新闻评论》杂志发表了《下一代的新闻业:自媒体来临》,对网络论坛、社交网络、博客等自媒体现象进行比较分析,认为这种新媒介最显著的特点是参与传播过程的所有人都可以获得即时表达自身见解的机会,指出这种不同以往的传播模式将引发传播领域的变革。2003年7月,美国新闻学会媒体中心公布了由谢恩·鲍曼和克里斯·威利斯联合撰写的全球首份自媒体专题报告《自媒体:大众将如何塑造未来的新闻和信息》,给出了自媒体的初步概念:"自媒体是大众借助数字化、信息化技术,与全球信息及知识系统连接后所展现出来的大众如何提供、分享他们自身的信息、新闻的渠道和方式。"

自媒体是指大众自主发布自己所知的信息和新闻的媒介平台,这一概念指向的是数字技术、信息技术发展出的新型媒介形态,如中国早期的博客和当下的微博、微信、抖音。这些信息媒介形态,既是技术赋权的结晶,也是参与式互联网文化最具代表性的平台。

博客、微博、微信、抖音等不同的自媒体形态,虽然在呈现方式、传播范围、传播关系建立机制等方面有着种种不同,但无一例外为每一个用户提供了信息发布和分享的平台,成为缺少个人话语表达渠道的普通公民难得的个人媒体平台和渠道。

二、自媒体的特征

参与是自媒体最突出的特征,传受界限模糊、内容生产和消费合二为一是这一特征的最佳写照。自媒体具有保罗·莱文森所说的"新新媒介"的特征:生产者即消费者。美国媒介理论家保罗·莱文森把媒介划分为旧媒介、新媒介和新新媒介。他认为报纸、电视这些旧媒介是"按约定时间运行的媒介"(media by appointment),使用者需要按照媒介确定的时间表去使用。他认为万维网是新媒介,其特征为:一旦内容贴到网上,人们就可以使用、欣赏,并从中获益,而且按照使用者方便的时间去使用。他提出像博客、优视网、维基网、推特网这些媒介形态属于新新媒介(new new media),这些媒介的用户被赋予了真正充分的权力,他们可以选择生产和消费新新媒介的内容,而这些内容又是千百万其他新新媒介消费者—生产者提供的。[①]

普通人成为自媒体用户主体,这是微博、微信、抖音、小红书这些媒介平台与传统媒体和早期互联网媒介形态的显著区别之处。这些互联网应用面向所有个人和社会组织开放,当然,政府、事业机构、企业甚至包括新闻机构都可以成为其用户,官员、明星、企业家、学者、新闻人也可申请个人用户账号,这些社会组织和社会精英也一直是传统新闻平台和舆论场中的主要信源。不过,这些新新媒介平台的低门槛甚至是无门槛,使得众多普通人拥有了未曾有过的发声平台、表达渠道。丹·吉尔默在用"自媒体"指称这些新新媒介形态的同时,提出草根新闻(grassroots journalism)[②]概念来形容这些媒介形态引发的信息传播革命现象。澳大利亚学者格雷姆·特纳曾提出媒介的民众化转向的命题。[③] 看来,随着网络信息技术新应用的普及,在技术对普通人的赋权下,自媒体平台成了这一论断最贴切的媒介实践。

自我和个体传播,是自媒体区别于其他媒介传播行为的最为显著的特征。报纸、广播、电视这些传统媒体,以及互联网早期的门户网站形态,在传播行为上具有共同的特征,即组织化传播。而在微博、微信、抖音这些新新媒介平台上,每一个个体只要拥有一个账号,就可以相对自主地传播信息,发布自己所看所闻所想,实现了每个人向每个人的传播。另外,不同于传统大众传播的层层组织化把关,自媒体传播是先出版再过滤,具有比组织化传播更自由、更自主的传播空间。自媒体平台

---

① 莱文森.新新媒介[M].何道宽,译.上海:复旦大学出版社,2011:3.

② GILLMOR D. We the media-grassroots by the people and for the people[M].Sevastopol,CA:O' Reilly,2004.

③ 特纳.普通人与媒介:民众化转向[M].许静,译.北京:北京大学出版社,2011:105.

的传播方式,不是组织化的,而是个体化的,不是被动的,而是自主的。可以说,微博、微信平台之所以被称为自媒体,就是因为其具备这种个体的、自主的传播行为特征。

具有自媒体属性的网络平台正改变着我们的信息传播生态、舆论格局和话语结构。万众参与的互联网文化,促使着信息生产的社会化;普通人依赖技术赋权,草根新闻和公民表达改变着曾经僵化的舆论格局;个体的自我表达,使得每个个体具有越来越大的使用媒介能力,而不是被媒介所利用,普通个体具有了话语权,技术变迁改变着以往固化的话语结构。

第二节　自媒体传播伦理的存在基础

自媒体传播伦理涉及自媒体信息传播中所有道德关系和道德规范问题,对于有广泛和深刻社会影响力的自媒体传播非常必要。同时,作为一种新型媒介形态和传播形式的伦理类型,同新闻伦理相比,自媒体传播伦理有着独特之处。

一、自媒体传播伦理何以成立

第一,自媒体传播的社会责任需要。自媒体传播引发了信息生产生态、舆论格局和话语结构的革命性变化,每个个体拥有了前所未有的使用媒介的能力。“人人都是记者”是对这种能力和社会影响力的恰切隐喻。对于记者的影响力,新华社已故社长郭超人曾说过:记者之笔,笔下有是非曲直,笔下有毁誉忠奸,笔下有财产万千,笔下有人命关天。每一个自媒体用户,虽非职业记者,当以此言自警。在社会上发生的自媒体伦理案例中,我们可以体会到自媒体用户如同记者一样的社会影响力,“艾滋女”案例的毁誉忠奸,“医生手术室自拍事件”的是非曲直,“贩卖儿童一律死刑”和“央视主持人赵普老酸奶微博”影响到的财产万千……自媒体传播不仅仅意味着是非曲直、毁誉忠奸、财产万千、人命关天,更意味着每一个自媒体用户应承担的社会责任。自媒体社会责任的背后,就是自媒体信息传播伦理的要求。

第二,自媒体技术普及应用下利益冲突调整的需要。参与的低门槛,使得自媒体平台具有前所未有的开放性。自媒体平台所提供的不仅仅是线上活动空间,它其实就是现实社会本身,反映着经济、政治、文化和社会关系。多元的传播主体,不同的利益表达,必然形成种种利益关系和利益冲突,这些关系的协调和利益冲突的调整,亟须自媒体伦理建设。

第三,自媒体信息传播秩序建设的需要。人类需要建立信息传播秩序来规范信息活动,传播伦理就是响应这一需要的产物。新闻伦理顺应了新闻职业活动秩序建立的需要,广告伦理响应了社会对广告活动秩序的需要,公关伦理呼应了人们对公关活动秩序的需要。自媒体传播是一种新颖的信息传播类型,无疑也亟须建设信息传播秩序。已有的信息传播规范是否适用?是否存在规范缺失情形?如何治理自媒体失范行为?这些实践中的道德建设问题,需要伦理层面的反思和研究。

二、自媒体传播伦理特征

自媒体传播伦理,具有区别于传统媒介伦理的一些新颖和独特之处。

第一,自媒体传播伦理不属于职业伦理范畴。新闻伦理、广告伦理、公关伦理这些传播伦理类型,规范的主体是新闻媒体从业者、广告从业者和公关从业者,约束的是职业行为。自媒体传播主体主要是非组织化的个体,自媒体传播伦理针对的是非职业化的信息传播行为。自媒体传播伦理不属于职业伦理范畴,应是公民信息传播伦理的一种特殊类型。

第二,自媒体信息传播活动形态多样,导致相应的自媒体传播伦理判断和道德评价复杂化。不同的传播主体,可以使用公共性程度不同的博客、微博、微信等自媒体平台,进行上传、转发、分享、评价等多种信息传播活动。如此,一旦引发信息伦理问题时,对此进行道德判断和道德评价会陷入较为复杂的情境中。比如,“艾滋女”事件,对上传裸露照片和发布恶意中伤内容的博主进行道德谴责,几无争议,但那些大量的转发者,是否散播不良信息,是否侵犯他人隐私,应当承担何种责任,并无共识。再如,“优衣库不雅视频”事件,不雅视频上传者应受到道德谴责,而那些转发者的转发行为是否正当?在“医生手术室自拍事件”中,医生仅仅在私密的朋友圈里上传自拍视频,却由“好事者”将其上传到公共性的微博平台,引发大范围传播,私密的社交平台上的上传者是否有道德缺失,造成微博平台大范围传播的上传者是否该承担道德责任?多样的自媒体平台,多元的传播者,多形态的自媒体传播活动,使得自媒体伦理判断和评价复杂起来。

第三,自媒体传播伦理涉及私人领域的问题突出。自媒体传播主体主要是一个个社会个体,传播内容趋向个性化。微博、微信、抖音这些自媒体平台,造成了私人领域媒介化。[①] 原先发生在私人领域的事件,由于它们通过自媒体平台引发大

---

① 汤普森.意识形态与现代文化[M].高铦,译.北京:译林出版社,2005:263.

范围传播,个体私人领域越来越多地呈现在公众面前。一些信息原先在私人空间传播而无问题,受媒介化影响,如今在公共空间传播,由此引发伦理问题。比如,“医生手术室自拍事件”,相关视频和图片在同事朋友圈传播不存在伦理问题,一旦经由自媒体平台大范围传播,就会引发一系列道德问题。

第四,自媒体信息传播品质成为广为诟病的伦理问题。自媒体传播者大都是不具备专业传播素养的“业余者”,在传播流程上“先出版后过滤”。美国媒介批评者安德鲁·基恩曾担心“高贵的业余者”掌控下的网络世界:“Web2.0 就像打开的潘多拉盒子,它让我们的社会产生了频繁接触色情文化的年轻人、从事网络剽窃的盗贼、患有强迫症的网络赌博者以及各种各样的痴迷者。”①

第五,自媒体传播伦理问题极易引发社会道德关注。自媒体平台赋予每一个用户信息传播和意见表达权利,每一个用户都是其他用户行为的评价者和监督者。自媒体构筑了一个如同福柯所言的全景监狱式的网络,“这一网络以其权力效应维系着一个整体并完全覆盖该整体,其权力效应来自监督者与被监督者之间,即监督者永远被监督”②。每一个自媒体用户都被置于其他用户的监督之下,一旦一个用户的自媒体传播行为触及道德底线,总会有其他用户发现并发表批评意见。众多用户的道德评价会形成网络舆论或者媒介事件,引发更大社会范围的道德关注。

第六,自媒体传播伦理建设主体多元。自媒体传播的伦理责任主体,除了自媒体用户,还有自媒体平台运营商以及网络运营商。就拿新浪微博来说,微博用户、新浪微博平台、宽带运营商都是微博传播的伦理主体。在自媒体信息传播伦理秩序建设中,需要用户、平台、运营商几大主体共同努力。

第三节　自媒体传播中常见的伦理问题

一、虚假信息传播

在线上空间和线下世界中,我们会经常听到对自媒体信息的真实性、准确性和可靠性质疑的声音。没有专业编辑、核实机制和层层把关者,我们不能像相信通讯社、报社、电视台那样,去相信微博、微信、抖音平台上一个个用户上传的信息。由

① 基恩.网民的狂欢:关于互联网弊端的反思[M].丁德良,译.海口:南海出版公司,2010:159.

② 波斯特.第二媒介时代[M].范静哗,译.南京:南京大学出版社,2001:84.

背景复杂、未经过滤的用户生成的自媒体内容，其中，谎言和虚假信息的存在不可避免。

自媒体平台常常掀起名人“被去世”闹剧，2015 年 3 月“李光耀去世”就是一例。2015 年 3 月 18 日晚间，国外推特用户上传“新加坡总理公署网站通告截图”，该截图显示：新加坡总理公署发布关于李光耀逝世的声明。国内微博、微信平台众多用户纷纷转发，造成大面积传播。结果证实，李光耀辞世为假消息，新加坡总理公署已就此事报警。

自媒体平台已经成为假新闻的滋生地，也是谎言的传播场。2015 年 6 月 24 日，中国社科院发布的《新媒体蓝皮书》对 2014 年 92 条典型假新闻的分析显示，59%的虚假新闻首发于微博。在微博、微信这样的自媒体平台上，这样一些传播行为很常见：有些用户出于恶搞或者哗众取宠心理，发布没有依据、随意捏造的信息；众多用户将信将疑，随手转发含有假新闻的帖子。

二、流言蜚语，造谣诽谤

自媒体平台为所有人向所有人传播提供了空间和渠道，不过，也成为流言滋生地和谣言流转站。各种真假难辨的流言和传言在微博、微信平台上大量传播。近年来，有不少“著名谣言”在这些自媒体平台广为流传。比如，年轻女性被麻醉拖走后挖肾并贩卖、某地一男子炒股亏损后跳楼身亡、某地出现孩子被偷现象、肯德基 6 个翅膀的鸡、“小太阳”导致孕妇流产等。中国青年报社会调查中心 2015 年通过民意中国网和益派咨询，对 1775 人进行的调查显示，受访者认为谣言最严重的三大领域分别是：食品安全（72.2%）、人身安全（56.9%）、健康养生与疾病防治（54.0%）。

自媒体平台上，除了这些“空穴来风”的都市流言外，还有别有用心的网民的造谣诽谤。这些人针对个人或社会组织，有目的有计划地捏造事实、诽谤他人、造谣生事。前文“艾滋女”案例中，网民杨某就利用博客平台，冒充女友“闫德利”开博客，捏造卖淫女、艾滋病等事实，实施诽谤行为。“官员开房 200 次”案例中，黄某某等人因审批手续未获批，通过自媒体平台发布当地工商局官员王某某“开房 200 次”的内容，导致王某某卧轨自杀。

三、隐私披露和公开

西方学者鲁宾认为隐私是自我的最深层次，一般不会轻易向别人暴露。[①] 即使是暴露自我这一最深层次的内容，也仅限于人际交往的场合和值得信任的对象。在当代社会，私人生活越来越多地走向公共化，如同哈贝马斯观察的那样："私人领域和公共领域这两个环节之间的界限又一次消失了。"[②]曾几何时，传媒领域成了发布私人生活故事的领域。随着互联网时代的来临，尤其是自媒体平台的广泛使用，私人生活越来越被媒介化，私人信息越发见之于自媒体内容中。原本应在人际交往场合和值得信任对象那里传播的个人隐私，越来越多且越来越容易地在自媒体建构的公共空间里被披露和公开。

从隐私主体来看，自媒体传播中的隐私披露集中在三种类型：一是娱乐明星的隐私披露，这也是传统媒体中隐私披露的主要类型；二是官员的隐私披露，在公民维权和反腐揭弊的网络行动中，大大小小各级官员的婚恋、财产乃至私生活信息披露，成为吸引用户关注的常见网络行动手段；还有一类是草根民众的私人生活和隐私信息的公开传播，来自私人领域的信息是自媒体平台中用户生成的主要内容，未经他人允许上传或转发私人生活信息，常常可能引发隐私侵犯的质疑。

当自媒体传播中隐私公开引发道德质疑时，与传统媒体的经历相似，如果隐私主体是娱乐明星这样的公众人物，那么公众兴趣常常是被引用的道德依据；如果隐私内容涉及官员，公共利益则是最佳道德借口。

值得注意的是，自媒体信息传播中的隐私公开争议，有着两类较为独特的传播情形。一类是上传和转发的不同情境，自媒体公开他人隐私，最早的上传者该承担怎样的责任？大量的转发者是否该承担道德责任？毫无疑问，在"艾滋女"案例中，恶意上传闫德利隐私信息的网民杨某理应受到谴责，不过，博客平台上那些大量的转发者是否应该受到道德指责，则仁者见仁、智者见智了。

另外一类传播情形源于不同自媒体平台的空间公开程度设置的差异。微信相对于微博来说，私密程度较高，如果说微博如同广场，那么微信朋友圈就像家中的客厅。虽如此，微信朋友圈也不是绝对私密的空间，朋友圈中的其他人可以轻易将圈中包含隐私信息的内容进行更大范围的传播。隐私侵犯的一个重要维度是，隐私主体是否知情同意，当其知情同意时，隐私侵犯指责就不能成立；另外，行为人在

① 全国13所高等院校《社会心理学》编写组.社会心理学[M].4版.天津：南开大学出版社，2008：177-178.

② 哈贝马斯.公共领域的结构转型[M].曹卫东，等译.上海：学林出版社，1999：185.

公众场合的隐私行为，视作隐私主体不在意自己隐私信息的公众展示，相当于放弃隐私权。那么，自媒体隐私传播问题的关键在于，较为私密的自媒体平台用户，发布个人隐私内容时，是否视作对隐私内容大范围传播的知情同意？那些将本应在私密范围传播的隐私内容公开传播，是否涉嫌侵犯个人隐私？“医生手术室自拍”案例中，本是微信朋友圈里同事间分享的工作照，网友“当唯美不再唯美”却擅自将这些照片在微博上广为发布，这名网友是否侵犯自拍医生的个人权益？医生将自拍照在微信朋友圈分享，是否视作放弃隐私保护权益？这类隐私公开的争议，源于自媒体平台公共性和私人性界限模糊的媒介属性。

四、炒作与信息操纵

开放的自媒体平台赋予每一个用户以媒介近用权，每一位公民均可通过自媒体账号进行信息传播活动，其中也包括那些网络黑手、网络推手的舆论炒作和信息操纵行为。他们基于私利或者不可告人的目的，借助自媒体平台进行策划、炒作和公关营销活动。更有甚者，不择手段，在网上兴风作浪、造谣诽谤、招摇撞骗，侵犯他人个人权益、扰乱网络秩序。

为获取经济利益，借助自媒体平台进行舆论炒作和“带节奏”，这是网络推手较为流行的网络信息操纵活动，自媒体平台成为低成本的网络公关和营销手段。“贩卖儿童一律死刑”事件就是典型的自媒体营销案例。2015 年 6 月 17 日微信、微博平台发生“贩卖儿童一律死刑”的网络表态传播热流，实质上是某婚恋网站通过自媒体平台掀起的“花钱买用户”的商业信息操纵行为。该事件也引发了网民的不满，但无奈之处在于：一个利用自媒体平台操作的商业炒作行为，虽然引发了公众议题讨论，但并没有造成具体切实的公众利益和公民权益的损害，甚至没有违反法律法规。法无禁止便可行，主管部门又奈之若何。市场经济下，自媒体平台越来越被精明的商家和公关人士瞄上，众多网民一次又一次被忽悠，对此，不断有道德质疑声：这样合适吗？商业炒作的底线在哪里？

五、不良信息传播

自媒体平台传播中，信息良莠不齐、泥沙俱下，淫秽色情类信息、诈骗类信息、暴恐类信息等不良信息泛滥成灾。据国家互联网信息办公室所属的中国互联网违法和不良信息举报中心 2015 年 5 月统计的全国有害信息举报情况：共收到有效举报 141.9 万件，淫秽色情类有害信息举报居首位，达 83.4 万条，占比 58.8%；政治类有害信息举报占比24.4%；诈骗类有害信息举报占比7.3%；侵犯网民权益类有害信息举报占比3.4%；暴恐类有害信息举报占比2.6%；赌博、私服外挂等其他有害信息举报占比3.5%。

在这些举报件中，腾讯受理举报101.5万件（微信40.3万件、QQ 58.8万件、微博1.2万件、网站1.2万件），新浪受理公众举报36.11万件（新浪微博34.25万件），百度受理公众举报3872件，天涯受理公众举报189件。根据公众举报，腾讯对利用微信、QQ进行诈骗、招嫖等违法活动的账号进行了集中清理；新浪及时关闭了一批传播淫秽色情类有害信息、政治类有害信息的微博账号。

六、媒体人自媒体传播的伦理问题

媒体人是自媒体平台上特别活跃的、影响力较大的用户群体。作为职业传播者，媒体人凭借着专业能力和职业素养成为自媒体中的特殊力量。不过，他们在自媒体的使用中，也存在着一些较为特殊的伦理问题。

一类问题是发布所属媒体尚未刊载的信息。如央视主持人赵普微博发布"老酸奶"信息案例。赵普是央视知名主持人，其微博以真名示人，人们很容易将其发布的信息与其职业身份相关联。他在实名微博中发布的"老酸奶"信息，也饱受伦理质疑：先于所在媒体发布信息，会对节目核心信息和内部秘密泄露，造成媒体的利益损失；微博字数有限，所披露内容并非栏目调查全部结果，若与事实存在大的出入则会误导公众。① 但也有学者支持赵普的微博信息发布②，认为由于报道内容敏感，无法经由传统媒体渠道发布，媒体人通过个人微博进行披露，满足了公众知情权、维护了公众利益。这类问题折射出媒体人自媒体信息传播中公众知情权和媒体组织利益之间的矛盾。西方媒体界也曾遭遇同类问题：美联社一位摄影记者在"占领华尔街"运动中被捕，有员工将此消息通过社交网站推特先发布到网上，美联社高层在内部邮件中严厉指责这种行为是"胳膊肘往外拐"，美联社执行总编辑卢·费拉拉在邮件中告诫员工：你们的首要任务是为美联社工作，而不是推特。③

另一类问题是发布与所在媒体不一致的观点。如《南方周末》评论员发布的反对"同性婚姻"微博的案例，有媒体人认为该评论员就敏感话题发表微博言论，

---

① 阴卫芝.选择的智慧：职业传播者网络传播伦理问题、案例与对策[M].北京：中国政法大学出版社，2014：56-57.

② 刘海龙.新闻工作者微博应用的困境及其根源[J].新闻记者，2012(9)：30-37.

③ 阴卫芝.选择的智慧：职业传播者网络传播伦理问题、案例与对策[M].北京：中国政法大学出版社，2014：57.

有违所属媒体的中立立场,给所属媒体的声誉造成困扰。在个人账号上发布关于公共事务和社会话题的言论,是否会影响所属媒体声誉,是否应该进行限制,自媒体使用者和媒体管理者常常为此陷于纠结之境。这一困境的根源在于媒体人的自媒体表达的模糊属性——是以纯粹个人身份还是以职业工作者身份发布内容。微博、微信等自媒体言论属于公开言论,即使在自媒体账号中不标注个人的职业身份,只要发言就会暴露真实身份,所发表言论很难不被“粉丝”与所属媒体立场进行联想。

现在,媒体工作者普遍使用自媒体平台,将其当作获取新闻线索、拓展采访资源、进行话语表达和获取社会资本的工具。但上述两类比较特殊的伦理问题,反映了媒体人自媒体使用中的道德困境,折射出了媒体人自媒体运用中的矛盾和冲突,导致媒体人在个人身份和职业身份、个人表达自由和职业伦理、公众知情权和媒体组织利益之间艰难抉择而陷入困惑之中。

第四节 自媒体传播伦理分析框架

自媒体信息传播中,那些违纪违法、不良信息传播行为,即使自媒体传播主体自身也自知其恶的定性,社会对其善恶评价和是非评判,不存在根本分歧,对这些伦理问题,重在规范和治理。不应忽视的是,自媒体信息传播中,也存在着善恶定性模糊、是非评价不一的伦理难题,在这些问题上,社会并未达成共识,自媒体传播者也存在认知困惑。要解决这类伦理难题和道德困境问题,就需要建构起理性的认知框架,为传播者提供合情合理的伦理引导。

自媒体用户在转发信息时,是否应该像职业新闻工作者那样联系消息源进行核实?自媒体用户发言时是否要秉持客观公正立场,如果限定用户发言,是否会抑制自媒体的开放自由空间?如果自媒体传播导致损害结果出现,原发者和转发、评论者,是否应当承担同样的责任?自媒体平台这样的网络中介者,是否应该像报社、电台、电视台那样承担起内容生产者的把关审查责任,过滤审查每一个自媒体用户生产的内容?在传播伦理责任承担上,草根用户是否与那些动辄上万粉丝的“网络大V”一样有分量?这些问题,在微博、微信、抖音等自媒体平台上,常常发生,也经常因为一些如前文所列的典型案例的触发,引起网络平台乃至现实社会空间的争议与辩论。如此问题,已非传播淫秽色情信息类问题那样是非明辨和善恶自明。接下来,本节从伦理范畴、传播原则、责任伦理几个层面进一步讨论自媒体信息传播伦理，希望这些讨论能为自媒体伦理难题提供一些有效的分析框架。

一、伦理范畴：信息伦理 VS 专业伦理

自媒体信息传播，是否要遵循新闻专业伦理要求？

新闻业经历近百年的行业洗礼，建构起了职业共同体的专业意识形态，其中，就有被共同认可的职业信息传播伦理原则、要求、规范，比如：公共利益至上、客观、真实、公正、平衡。对于归为个体、公民、非职业化信息传播类型的自媒体信息传播，这些来自职业信息传播实践的道德规范是否适用？

一种观点认为在当下的新闻生产社会化的趋势下，新闻职业伦理应当相应社会化，可以作为对公民信息伦理行为的一般性要求。这种观点把客观、真实、公正、平衡这些新闻职业伦理原则视作人类新闻传播实践的伦理文明结晶，认为这些原则、规范反映了建构公共信息传播秩序的社会需要，不应当局限于职业媒体人，应当成为公民信息传播的普遍性要求。

不支持自媒体信息传播遵循新闻专业伦理要求的理由很多样。新闻专业伦理的主体是职业传播者，属于职业伦理范畴，以此对自媒体信息传播的公民传播者进行伦理规约，要求过高；公民不具备遵循职业伦理规范的条件，比如新闻核实原则，作为一般公民个体，没有媒体人所拥有的信源核实的人力资源、组织资源、信息资源；多数自媒体用户的传播影响力有限，即使出现传播问题，所造成的负面社会影响也不大，不必承担过多的传播责任，也没必要遵循过高的职业伦理规范；职业伦理规范下的传统媒体道德失范问题严重，一个问题多多的职业共同体的道德规范，没道理再强加到公民信息传播主体身上。

自媒体信息传播需要建构起信息伦理秩序，新闻专业伦理是浸润着百年职业媒体人的伦理文明成果，也是自媒体信息伦理建构可资利用的宝贵伦理资源。不过，是否将职业伦理规范迁移到自媒体信息传播领域，还应考虑具体传播情境、公民的伦理践行条件、传播社会影响力等因素。

二、传播原则：真实 VS 透明

真实性是职业新闻工作者的基本原则，在新闻职业实践中也形成了践行真实原则的制度，重要新闻需要多层次、多环节把关，要对新闻源进行核实，有可能的话要对多个不同信源进行交叉核实。自媒体平台的个体用户，确实不具备职业媒体人所具有的组织资源和信源资源，也没有职业人所具有的时间条件和技术技能，遵

守核实制度几乎是不可能实现的严苛要求。

自媒体时代，透明性原则越来越受到青睐，有西方研究者提出："透明性在博客的地位，相当于真实性在传统新闻中的地位。"①透明性原则最早在网络新闻传播中被提出来，指的是新闻的制作者向受众解释和说明如何选择及生产新闻的过程。受众可以借此评判信息是否可信、获得过程是否可靠、提供信息的用户有何动机和偏见。提倡透明性原则既显示了对真相和受众的真诚，也显示了内容提供者对受众的尊重。

透明性原则只需要自媒体用户在网上发表内容时对内容的来源、编发过程做出简要说明，不需要占用过多时间进行多方核实，透明性原则贴合了自媒体用户的道德践行条件。相较于核实原则来说，透明是一个践行难度适宜的原则。虽然透明性不是达到信息真实的充分条件，但是不透明，却是虚假和欺骗的必要条件。

借鉴科瓦齐和罗森斯蒂尔所提出的透明性三要素②，自媒体传播中的透明性可包括以下三个内容：第一，在可操作的前提下，尽可能地说明是如何得到所发信息的；第二，对可能导致误会的内容提供的决策和动机作出说明；第三，必须承认，所提供内容中还存在一些没有得到回答的问题，并对其进行必要说明。

三、责任伦理的多维面向

德国社会学家马克斯·韦伯于1919年提出了"意图伦理和责任伦理"的伦理界分，这被称为伦理学领域的"哥白尼式革命"③。韦伯认为，一个成熟的人应该意识到对自己行为后果应承担的责任，遵照责任伦理采取行动。责任伦理是一种对行为及其后果的担当意识，要求人们必须为自己涉及他人和社会的行为作出交代和说明，必须承受与此行为相关的所有人对此种行为之正当性的审判和评价。④作为自媒体用户的公民，应当对自己的信息传播行为及其后果承担责任，因此，责任伦理是评价和理解自媒体传播伦理难题的一个较好的理论资源。

依据自媒体用户身份及其传播行为特征，在评价同样情境下自媒体用户传播责任时，可有具体的或显著或细微的差别，这些差别具体体现在以下一些用户差

---

① SINGER J B. Contested autonomy: professional and popular claims on journalism norms[J]. Journalism studies, 2007, 8(1): 86.

② 科瓦齐，罗森斯蒂尔.新闻的十大基本原则：新闻从业者须知和公众的期待[M]. 刘海龙，连晓东，译.北京：北京大学出版社，2011：85-87.

③ 徐邦友.从意图伦理到责任伦理：中国政治伦理精神的嬗变[J].浙江学刊，2009(4)：121-128.

④ 展江，彭桂兵.媒体道德与伦理：案例教学[M].北京：中国传媒大学出版社，2014：42.

异上：

自媒体组织用户，要比个人用户承担更大的责任，这是因为组织机构有更多的资源和条件来精心组织自己的传播内容。

自媒体组织用户中，新闻媒体用户要比非媒体用户承担更大的责任，因为他们是职业的，影响力也更大，应当比其他用户更专业。

自媒体个人用户中，公众人物要比其他一般用户承担更大的责任，因为他们的自媒体传播行为往往要借助已有身份产生更大的影响力，他们也比其他一般用户拥有更多的媒介资源为自己做辩护。

自媒体个人用户中，媒体人用户要比非媒体人用户承担更大责任，因为他们具备专业性，具有相应知识和专业技能，应该遵守更严格的传播伦理规范，承担更大的责任。

自媒体用户中，拥有更多粉丝量的用户，应当承担更多的责任，因为他们比那些拥有较少粉丝量的用户具备更大传播影响力，一旦造成对他人或社会利益的损害，后果也更严重。

四、自媒体平台的伦理责任

微博、微信、抖音等自媒体平台，属于交互性计算机服务（interactive computer service）的提供者，与作为内容提供者的自媒体用户不同，它们是网络中介者（intermediaries）。这些网络中介者为自媒体用户提供了自由开放的网络交往空间，面对自媒体信息传播中出现的伦理问题，它们是否应该承担伦理责任？对它们的道德要求是否要向传统媒体看齐？

在涉及传播责任的争议时，出版者（publisher）与散布者（distributor）[①]的区分很关键。两者的区分，主要是基于传播者对传播内容是否具有“编辑控制”的权能。报纸、杂志社、出版社、电台、电视台，这些机构以其所拥有的载体发布信息，对所发表的内容有完全的编辑控制权，它们主导了传播内容的生产，这些机构可归为出版者，自然要为其出版刊播的内容承担责任。而像书店、图书馆、报摊这样的机构，对传播内容很少或几无编辑控制，仅为信息的传播者，不同于出版者，不必为他人生成的内容承担过多责任。

自媒体平台，是网络服务提供者，这样的网络中介者，为自媒体用户生产的内

① 张金玺.美国网络中介者的诽谤责任与免责规范初探：以《通讯端正法》第 230 条及其司法适用为中心[J].新闻与传播研究，2015，22(1)：70-87，127-128.

容提供发布平台，不同于报纸、杂志、电视台这样的出版者，对自媒体用户的内容较少编辑控制，为信息散布者。在传播内容的道德责任承担上，自媒体平台虽然不应该像传统专业媒体那样有严格全面的要求，但它们毕竟提供了言论发布渠道，应该承担作为信息散布者的责任。在涉及这些网络中介者的道德争议时，应该充分考虑这些自媒体平台的媒介属性，不应过分进行责任归咎，否则会危及平台的信息传播开放性和自由度。

思考题

1. 什么是自媒体？试举出一些自媒体的例子。
2. 自媒体有什么传播特征？
3. 自媒体常见的伦理问题有哪些？
4. 自媒体平台如何承担相应的伦理责任？

第十二章　人工智能与算法伦理

第一节　智能技术与媒介生活

也许人们未曾想到，2016 年 9 月 20 日上线的抖音短视频 App 日后会成为风靡全国多年、深受男女老少喜爱、深刻影响了人们媒介生活和社交方式的一款应用。2022 年，抖音用户已达 9.97 亿①，每天无数条短视频出现在抖音平台上并会被个性化推送到用户移动端，成为人们视觉消费、娱乐享受的源泉。从视频拍摄制作过程中的一键特效、滤镜美颜，到作品上传、存储和审核过程的高效实现，再到量身定制的个性化内容推送……这些智能化、人性化功能得以实现的关键来自人脸识别、推荐算法等人工智能技术的加持，这类技术的应用使短视频制作门槛大幅降低，创作趣味大大增加，让人们在碎片化、移动化、个性化、场景化、泛娱乐的短视频中获得了知识信息和精神满足，但也容易让人长久沉浸而不自知，随之而来的还有个性化推送带来的信息茧房等负面困扰。

同样受到极大关注的还有近来火爆全球的一款聊天机器人——ChatGPT 程序，它是美国人工智能研究实验室 OpenAI 开发的对话式大语言模型，凭借强大的文字处理能力和人机交互功能，迅速成为炙手可热的新一代人工智能产品。目前 ChatGPT 月活用户已经突破 1 亿，是史上用户增长速度最快的消费级应用程序。目前，它可以为人类完成写论文、写代码、解答问题、翻译等工作，并提供改进创新的方式方法。但“强大”之外，ChatGPT 的“危险”也已引起了社会重视。企业家马

① QuestMobile.2022 中国移动互联网年度大报告[EB/OL].(2023-02-21)[2023-05-01].https://research.tencent.com/article?id=bJW.

斯克表示,“我们离强大到危险的人工智能不远了”①。ChatGPT 开放测试以来,已经有很多学生利用它来写论文。这种学术创作行为是否属于抄袭？这种写作方式是否给科研创新带来了危机？此外,ChatGPT 引发的关于答案准确性、知识产权归属、竞争的公平性评估等问题,有待重视和解决。

随着人工智能的普及和频繁应用,这些伦理问题正在越来越突出地显现在人类的生产生活中,人工智能和算法技术有哪些典型的伦理风险,我们对此应当秉持怎样的伦理原则,遵循怎样的治理路径？一切都要从对人工智能和算法的基本认识和现实应用谈起。

第二节　人工智能与算法的发展及其在媒介中的应用

“人工智能”(Artificial Intelligence,缩写 AI)这个概念最早出现在 1956 年美国达特茅斯大学召开的研讨会上,最初,约翰·麦卡锡给“人工智能”下的定义是“制造智能机器的科学与工程”。而经过几十年的发展,有人认为,人工智能的范围不再局限于制造“智能机”(Intelligence Machine),它更像是让机器模拟人脑自主学习,更确切地说,是一个制造“机器人”(Robot)的过程。②

一、人工智能与算法的技术发展

人工智能属于计算机科学的一个分支,它主要关注如何制造出一种智能机器来完成通常需要人类智慧才能胜任的工作,涉及的子领域包括大数据、机器学习、图像识别、神经网络等。实际上,对于快速发展的人工智能来说,其学科边界在不断扩展,对机械、电子、经济、传媒甚至哲学,都有所涉及。它的实用性极强,是一种极具代表性的多元跨专业学科。人工智能具有以下显著特征:第一,由人类设计,为人类服务,本质为计算,基础为数据;第二,能感知环境,能产生反应,能与人交互,能与人互补;第三,有适应特性,有学习能力,有演化迭代,有连接扩展。③

① 李金磊,吴家驹.中国新闻网.谷歌、苹果、微软都急了！ChatGPT 会让你失业吗？[EB/OL].(2023-02-08)[2023-02-27].http://www.chinanews.com.cn/cj/2023/02-08/9949757.shtml.

② 蔡雨恬.论人工智能侵权中责任主体的认定与责任规制路径[J].中阿科技论坛(中英文),2022(9):195-200.

③ 中国电子技术标准化研究院.人工智能标准化白皮书(2018)[Z].2004:7.

(一)数据、算法与算力

数据、算法和算力是人工智能三大核心要素，海量的数据、超强的运算能力和精准的算法是人工智能实现更深发展的力量来源。数据是一切智慧体的学习资源，没有了数据，任何智慧体都很难学习到知识。算法是“一种有限、确定、有效并适合用计算机程序来实现的解决问题的方法，是计算机科学的基础”①，或者说，算法就是人工智能的规则，是为解决问题而进行的计算机操作规则的一系列步骤。人工智能依据数据得出的指向结果都是通过算法的运行计算出来的，所以算法是人工智能的关键，其下的数据、应用等只是依附于算法。目前，主流的算法是机器学习(Machine Learning)，它是一类从数据分析中获取规则，并利用规则预测未知数据的算法。算力是算法和数据的基础设施，支撑着算法和数据，进而影响人工智能的发展，算力的大小代表了数据处理能力的强弱。

(二)人工智能的发展和类型

从20世纪中期到现在，人工智能技术经历了从萌芽到高速发展的不同时期。根据是否具有自我意识以及推理能力的强弱程度，国际社会普遍认为人工智能可以分为三种类型：弱人工智能(Artificial Narrow Intelligence，简称为ANI)、强人工智能(Artificial General Intelligence，简称AGI)和超人工智能(Artificial Super Intelligence，简称ASI)，这也是人工智能发展变革要经历的三个阶段。弱人工智能只能依据设定好的程序在规定范围内有针对性地解决特定领域的问题，例如，只能解决语音识别、图像识别和翻译等单个方面的任务，由于其发展程度并没有达到模拟人脑思维的程度，因此，弱人工智能仍然属于“工具”的范畴。强人工智能一词最初由约翰·罗杰斯·希尔勒创造，其定义为“计算机不仅是用来研究人的思维的一种工具；相反，只要运行适当的程序，计算机本身就是有思维的”②。这一阶段的人工智能“可以完全胜任人类所有工作”③，强人工智能在各方面都能和人类比肩。超人工智能是未来人工智能的发展模式，目前尚存在于人们的想象与科幻小说中。著名思想家、牛津大学学者尼克·波斯特洛姆在《超级智能：路线图、危险性与应对策略》一书中将超人工智能定义为“在科学创造力、智慧和社交能力等每一方面都

---

① SEDGEWICK R，WAYNE K.算法[M].谢路云，译.4版.北京：人民邮电出版社，2012：1.

② SEARLE J R. Minds，brains and programs[J]. The behavioral and brain sciences，1980，3(3)：417-424.

③ 李开复，王咏刚.人工智能[M].北京：文化发展出版社，2017：5.

比最强人工大脑层面强很多的智能”①。这一阶段的人工智能将打破人脑受到的维度限制，其所观察和思考的内容，人脑已经无法理解，人工智能将形成一个新的社会。从当下人工智能的主流研究和应用的整体情况来看，我们仍然处在弱人工智能阶段，但以更高水平接近人的智能形态存在的新一代人工智能正在研发过程中，并将引发链式突破，推动经济社会从数字化、网络化向智能化加速跃进。

（三）人工智能的基本层次架构

以算法为核心的人工智能如今已广泛地应用到众多领域和行业中，并已形成了基本架构和产业链结构，如图 12-1 所示，包括基础层、技术层和应用层三层。②其中，基础层负责数据的采集、传输、存储、计算、分析和挖掘，以及构建算法模型。技术层是人工智能产业的核心，以模拟人的智能相关特征为出发点，构建技术路径，包括算法理论、开发平台与应用技术。应用层是人工智能产业的延伸，面向特定应用场景需求而形成软硬件产品或解决方案，当前人工智能主要在以下领域重点推广应用，包括医学、金融、教育、交通、家居等各个领域，为人类社会的进步作出了巨大贡献。近年来，传媒业也逐步引入计算机技术来调整战略决策，积极构建智能媒体生态，将人工智能、虚拟现实等技术运用到内容生产和传播的各个环节。

图 12-1　人工智能的基本层次架构（来源：前瞻产业研究院）

① 波斯特洛姆.超级智能：路线图、危险性与应对策略[M].张体伟，张玉青，译.北京：中信出版社，2015：23.

② 沈寓实，徐亭，李雨航.人工智能伦理与安全[M].北京：清华大学出版社，2021.

二、人工智能与算法在媒介中的应用

如今，人工智能与算法的应用正在全面普及，覆盖人类生产与生活的多个面向。人工智能与算法日渐融入媒介系统，给人类的信息传播过程带来了颠覆性变革，其中，以算法新闻与自动化报道、算法推荐与干预为代表。

（一）算法新闻与自动化报道

当下，以算法为核心的人工智能业已成为新闻业的重要组成部分。早在2006年，一些通讯社（比如汤姆森财经通讯社）就已宣布开始使用计算机，利用数据来生成新闻，以便向用户快速传递信息。2019年，英国伦敦政治经济学院（LSE）新闻智库POLIS与Google News Initiative合作项目JournalismAI发布的报告显示，近五成的受访者表示其所在的媒体机构已将人工智能用于新闻采集，三分之二的受访者表示他们已将人工智能用于新闻生产，过半的受访者表示已将人工智能应用于新闻分发。① 同年，新华社发布的“人工智能时代媒体变革与发展”研究报告显示，人工智能正深度融入我国媒体采编发各流程，已嵌入新闻领域各环节，逾八成（81.8%）的受访者认为国内传媒业对智能技术的应用呈积极态势。②

人工智能技术在新闻采集（News Gathering）、新闻生产（News Production）、新闻分发（News Distribution）、新闻核查（News Verification）四个方面的应用催生各类智能媒体，算法新闻与自动化报道促成新闻业智能化转型。③

新闻采集是获取新闻线索的过程，人工智能技术参与新闻采集主要表现为通过机器学习和数据挖掘获得新闻素材，因此有学者将此定义为“计算性新闻挖掘”（Computational News Discovery）。④ 当前，国内外的媒体机构和技术公司都已投入研发并开始使用自动化新闻采集工具辅助新闻采集，应用领域涵盖政治、体育、文化、商业、公共卫生等。代表性应用工具包括路透社的New Tracer、深圳视界信息技术有限公司研发的八爪鱼采集器等。

---

① BECKETT C. New powers, new responsibilities: a global survey of journalism and artificial intelligence[J]. London school of economics, 2019:18.

② 新华社“人工智能时代媒体变革与发展”课题组.人工智能时代媒体变革与发展[J].大数据时代,2020(2):66-71.

③ 张梦,陈昌凤.智媒研究综述:人工智能在新闻业中的应用及其伦理反思[J].全球传媒学刊,2021,8(1):63-92.

④ DIAKOPOULOS N. Computational news discovery: towards design considerations for editorial orientation algorithms in journalism[J]. Digital journalism, 2020, 8(7): 945-967.

新闻生产是指新闻生产者通过有意识地加工新闻作品来建构新闻事件进而建构现实的过程。人工智能参与新闻生产，即运用算法程序实现对新闻素材的自动化处理、写作和编辑。国内外新闻业的代表性应用包括新华社的"快笔小新"、今日头条的"Xiaomingbot"、腾讯的"Dreamwriter"、Automated Insights 公司的 Wordsmith、《洛杉矶时报》的 Quakebot 等。

新闻分发指的是新闻作品的发布过程，人工智能应用于新闻分发主要包括三个面向①——其一，个性化新闻推荐，即基于用户画像，通过多种推荐算法对新闻内容进行分发，主要应用于今日头条、Nuzzel 等聚合类新闻资讯平台。此外，人工智能语音技术结合个性化新闻推荐渐成新趋势，如 BBC、《人民日报》等媒体机构都有相关应用。其二，人工智能主播实现智能化新闻播报，即由 AI 合成主播完成自动化新闻播报，如新华社联合搜狗公司发布的全球首个站立式 AI 合成主播、韩国 MBN 电视台的金柱夏等。其三，智能化传播效果分析辅助完善新闻分发策略，即运用人工智能技术收集用户的新闻阅读反馈，帮助媒体机构调整推荐策略和优化内容，如芬兰广播公司 YLE 开发的 Voitto 智能助手。

新闻核查是基于数据挖掘算法发展而来的新闻真实性概率统计分析方法，既贯穿于新闻采集、生产、分发等多个环节，又可以作为独立流程而存在。目前，新闻核查算法主要包括"基于内容模型的新闻核查算法"和"基于社会情境模型的新闻核查算法"。近年来，各种媒体机构及技术公司纷纷投入新闻核查算法的开发，如美联社的内部验证工具、《华盛顿邮报》的 TruthTeller 工具。

（二）算法推荐与干预

"算法推荐与干预"是指运用人工智能的推荐算法，将用户的网络行为、个人特征、环境特征等相关信息数据化并进行运算，预测并推送用户可能感兴趣的内容，②因而被称为个性化推荐。当前，主流的推荐算法包括三类：协同过滤推荐算法、基于内容的推荐算法、基于语义的推荐算法。③

协同过滤（collaborative filtering）推荐算法，即基于用户之间消费行为和基本情况的相似性，为用户推荐与其兴趣相似的人所浏览的内容。协同过滤算法又可以

---

① 张梦，陈昌凤. 智媒研究综述：人工智能在新闻业中的应用及其伦理反思［J］. 全球传媒学刊，2021，8（1）：63-92.

② 赵双阁，岳梦怡. 新闻的"量化转型"：算法推荐对媒介伦理的挑战与应对［J］. 当代传播，2018（4）：52-56.

③ 孙少晶，陈昌凤，李世刚，等."算法推荐与人工智能"的发展与挑战［J］. 新闻大学，2019（6）：1-8,120.

细分为“基于物品”（item-based）、“基于用户”（user-based）、“基于模型”（model-based）。[①] 协同过滤算法本质上是基于行为的推荐，只有海量的用户行为数据才能保证推荐的有效性，因此有着庞大用户群体的百度、阿里巴巴、腾讯、字节跳动等头部互联网企业得以在其软件应用中广泛运用协同过滤算法并为用户做出较为精准的推荐。

基于内容的推荐算法，即赋予不同内容以不同标签，继而基于用户历史浏览内容所属的标签和用户自主标记的内容标签，为用户推荐类似的内容。此类算法是否能达到精准的推荐效果主要取决于平台是否能“形成对于用户和待推荐内容的精准理解以及精准的匹配机制”[②]，即能否制订恰当的分类标签以概括不同的内容从而准确匹配用户的兴趣。

基于语义的推荐算法，即基于语义的相似性进行配对。该类推荐算法是当前的研究热点，不同于前两种推荐算法以用户行为作为数据基础，基于语义的推荐算法旨在挖掘用户行为背后的动机和场景，从而达到更为智能化和准确的推荐效果。

在实际应用中，平台往往采取多种推荐算法相结合的系统搭建策略，基于行为和基于语义相融合的推荐算法成为发展的最新趋势。以今日头条为例，其于 2018 年向行业公开的推荐算法系统实则是一套包括内容特征、用户特征、场景特征等不同维度变量、拟合用户内容满意度反馈的函数。[③] 随着 OpenAI 研发的聊天机器人程序 ChatGPT 发布，微软于 2023 年 2 月宣布，旗下全线产品将整合这款由人工智能驱动的自然语言处理工具，[④]基于行为和基于语义的算法深度融合已成现实。

第三节　人工智能与算法应用引发的伦理争议

随着新闻业以及其他信息传播过程日益智能化、自动化，人工智能与算法的应用不可避免地引发了一系列伦理争议，讨论所涉维度包括新闻业伦理、人的权利与

---

① 喻国明，耿晓梦. 智能算法推荐：工具理性与价值适切——从技术逻辑的人文反思到价值适切的优化之道[J]. 全球传媒学刊，2018，5(4)：13-23.

② 孙少晶，陈昌凤，李世刚，等. “算法推荐与人工智能”的发展与挑战[J]. 新闻大学，2019(6)：1-8,120.

③ 喻国明，耿晓梦. 智能算法推荐：工具理性与价值适切——从技术逻辑的人文反思到价值适切的优化之道[J]. 全球传媒学刊，2018，5(4)：13-23.

④ 新浪财经.5 天注册用户超 100 万，ChatGPT 让谷歌百度坐不住了[DB/OL].(2023-02-03)[2023-02-27].https://baijiahao.baidu.com/s? id=1756786969747074437&wfr=baike.

发展、社会公平与国家安全等方面。

一、人工智能与算法是否会冲击传统新闻业伦理

基于算法的智能媒体正在成为广大民众的主要新闻提供者。随着算法新闻和自动化报道的兴起,人工智能与算法给传统新闻业带来变革的同时,也衍生出了一系列关于"非真实""低透明度"和"伦理归责"的伦理讨论。

(一)非真实

真实性是新闻报道的首要原则。新闻报道始终追求准确性,尽可能提供所有相关的事实,并确保内容已经经过检查核对。如上文所述,人工智能与算法技术融入新闻业的多个维度,且在各核心环节中辅助新闻核查。技术的进步,一方面使新闻真实变得更加可感,另一方面也为新闻真实性带来了可量化的技术标准。然而,相关研究指出,人工智能虽然看似建设性地增进了新闻的表象真实,但其制造的虚拟主体、虚假内容和虚幻场景实则混淆了真实的边界而破坏了新闻真实。[①]

在实际应用中,人工智能与算法所带来的"非真实"风险主要体现在"虚假信息"和"深度伪造"两方面。其一,"虚假信息"是指在新闻内容生产过程中,由于错误数据、缺失数据等"脏数据"没有得到及时的清洗和处理,可能导致算法输出偏离事实或趋势的假新闻(Fake News)。例如,2022 年 11 月 11 日以来,美国科技新闻网站 cnet 发布了 70 多篇由人工智能生产的新闻报道,随后,科技网站"未来主义"(Futurism)指出这些报道在利息计算、偿还车贷等事实上存在一些"非常愚蠢的错误"[②]。其二,"深度伪造"(Deepfakes)是指一种结合了"深度学习"(Deep Learning)和"伪造"(Fake)的人工智能技术,通过"生成性对抗网络"(Generative Adversarial Network)的机器学习模型将图片或视频合并叠加到源图片或视频上,并借助神经网络算法进行大样本深度学习,将个人的声音、面部表情及身体动作拼接合成虚假内容。[③] 2017 年,一个名为"Deep Fakes"的用户在 Reddit 上发布了一则

---

① 刘海明,付莎莎.技术的界碑:人工智能对新闻真实的伦理挑战[J].现代传播(中国传媒大学学报),2019,41(9):76-81.

② 上观新闻.这家美国科技媒体悄悄用 AI 写新闻稿,结果却酿出"新闻灾难"……[EB/OL].(2023-01-19)[2023-02-27].https://export.shobserver.com/baijiahao/html/574521.html.

③ BOTHA J, PIETERSE H. Fake news and deepfakes: a dangerous threat for 21st century information security[C]//ICCWS 2020 15th International Conference on Cyber Warfare and Security. Academic Conferences and publishing limited, 2020: 57.

AI 换脸“假视频”，随后引发热议。“虚假信息”和“深度伪造”造成“非真实”风险的主要危害在于：首先，降低民众对社交媒体新闻的信任度乃至冲击民主社会中的网络公民文化；①其次，虚假内容被有目的地通过算法进行大规模分发和传播，导致政治话语或公众舆论被影响乃至被操纵。②

需要注意的是，新闻真实性是区别于“绝对真实”的，虚假内容的生产和传播是否违背新闻伦理规范还关乎“当事人的特点、传播的意图以及行动的后果等因素”③。另外，也有学者倡导，理解人工智能所产生的后真相现象要超越传统的真假二元对立，在关注内容真假和商业逻辑的同时，也要将事件所属的社会历史语境和多方参与者的目的纳入考量。④

（二）低透明度

学界普遍认为“透明”（transparency）概念源于康德关于行动完整性和人的尊严完整性的论述，“说真话”作为康德的一种伦理主张为此概念提供了哲学基础。⑤随着 20 世纪中期政治、经济、环保、媒体等领域的运动，“透明”演变为一种全球化的文化思潮。⑥ 与此同时，新闻业的危机与变革，包括信任危机、客观性话语式微以及传受关系改变，这一系列的变化促使透明度成为新闻伦理规范的重要原则之一，⑦甚至被描述为“新的客观性”。传统新闻伦理规范中的“透明度”是指“让新闻行业内外的人都有机会监督、检查、批评甚至干预新闻流程”⑧。

当下，人工智能全面嵌入新闻生产流程，算法系统本身的复杂性和自动性使其

---

① VACCARI C, CHADWICK A. Deepfakes and disinformation: exploring the impact of synthetic political video on deception, uncertainty, and trust in news[J]. Social media & society, 2020, 6(1): 2.

② TUCKER J A, GUESS A, BARBERÁ P, et al. Social media, political polarization, and political disinformation: a review of the scientific literature[J]. Political science, 2019.

③ 张梦，陈昌凤. 智媒研究综述：人工智能在新闻业中的应用及其伦理反思[J]. 全球传媒学刊, 2021, 8(1): 63-92.

④ 姬德强.深度造假：人工智能时代的视觉政治[J].新闻大学,2020(7):1-16,121.

⑤ PLAISANCE P L. Transparency: an assessment of the Kantian roots of a key element in media ethics practice[J]. Journal of mass media ethics, 2007, 22(2-3): 187-207.

⑥ Schudson M. The rise of the right to know: politics and the culture of transparency, 1945—1975[M]. Cambridge: Harvard University Press, 2015.

⑦ 张超.“后台”前置：新闻透明性的兴起、争议及其“适度”标准[J].国际新闻界,2020,42(8):88-109.

⑧ DEUZE M. What is journalism? Professional identity and ideology of journalists reconsidered[J]. Journalism, 2005, 6(4): 442-464.

决策过程缺乏可解释性,[①]“人-技混合体”又使得算法和人类的作用相互交叠、难解难分,[②]因而构成了人为无法识别的“黑箱”[③]。算法之所以被比喻为“黑箱”,是因为算法总是掌握在极少数的媒体机构与商业公司手中,技术本身的复杂性及商业政策的排他性使用户在与算法的关系中总是处于被动状态。在算法“黑箱”的影响下,大多数用户对算法只是“知其然,而不知其所以然”。有学者曾特意考察过 40 个脸书(Facebook)用户的“算法意识”,发现“超过一半参与者 (62.5%) 没有意识到新闻推荐筛选”[④]。

当前关于“新闻/算法透明度”的讨论,包含“新闻/算法透明度”概念、“新闻/算法透明度”落实可能存在的阻碍、“新闻/算法透明度”落实的必要性以及“新闻/算法透明度”的落实途径四个维度的内容。[⑤] 总体而言,新闻业实际应用中的“算法透明度”是指“披露算法如何驱动各种计算系统的信息,允许用户确定操作中的价值观、偏见或意识形态,以便理解新闻产品的基本观点”[⑥],此外,还需公开人类与非人类等异质主体形成的“行动者网络”是怎样发挥作用的。[⑦] 至于“新闻/算法透明度”落实可能存在的阻碍及其必要性,受限于透明度问题所涉专业壁垒、技术、时间、个体权利、国家安全、社会秩序等议题的复杂性,学界目前仍未达成共识。虽然“新闻/算法透明度”的落实可行性仍有待讨论,但作为一种伦理规范,对现阶段的新闻实践具有一定的指导意义,因而相关探讨仍在持续。比如,有学者从公民“可操作、可理解、可监督”的角度出发,提倡以间性“算法集”为思路、以“数据主

---

① MITTELSTADT B D, ALLO P, TADDEO M, et al. The ethics of algorithms: mapping the debate[J]. Big data & society, 2016, 3(2): 2053951716679679.

② 毛湛文,孙曌闻.从“算法神话”到“算法调节”:新闻透明性原则在算法分发平台的实践限度研究[J].国际新闻界,2020,42(7):6-25.

③ 仇筠茜,陈昌凤. 基于人工智能与算法新闻透明度的“黑箱”打开方式选择[J]. 郑州大学学报(哲学社会科学版), 2018, 51(5): 84-88,159.

④ ESLAMI M, RICKMAN A, VACCARO K, et al. “I always assumed that I wasn′t really that close to [her]” Reasoning about Invisible Algorithms in News Feeds[C]//Proceedings of the 33rd annual ACM conference on human factors in computing systems. 2015: 153-162.

⑤ 张梦,陈昌凤. 智媒研究综述:人工智能在新闻业中的应用及其伦理反思[J]. 全球传媒学刊, 2021, 8(1): 63-92.

⑥ DIAKOPOULOS N, KOLISKA M. Algorithmic transparency in the news media[J]. Digital journalism, 2017, 5(7): 809-828.

⑦ ANANNY M, CRAWFORD K. Seeing without knowing: limitations of the transparency ideal and its application to algorithmic accountability[J]. New media & society, 2018, 20(3): 973-989.

体”为出发点推进落实“可理解的透明度”①。

(三)伦理归责

新闻业智能化转型过程中所引发的伦理争议,还涉及伦理归责问题,即当人工智能与算法应用于新闻实务时,谁应为可能出现的一切结果负责?

算法作为技术,本质上是人作为主体的自觉发明物、创造物,是人作为主体的对象化结果,是人作为主体的本质力量的显示或体现。② 主体性为人类所特有,而算法作为一种技术,是人类思想的物质反映,并不具备主体性。换言之,人工智能无法作为主体而承担责任。在实际应用中,无论是传感器新闻还是算法推荐,都可能会造成侵犯个人隐私、诽谤、侵犯版权等问题。各种各样的侵权风险意味着,需要有主体对这些风险负责。而随着算法生成的内容对人类输入的依赖程度越来越低,人工智能代替人进行新闻生产时,责任归属将难以判定。

此外,人工智能与算法对新闻业的全面渗透意味着,媒体从业者不再是新闻传播的单一道德代理人。故而有研究者认为,同样参与新闻传播实践的算法、程序员、数据采集人员等非人类或人类行动者亦可成为道德代理方③,继而催生了网络化的道德分散(Ethical Dispersion)模式。④ 然而,责任方的流动性、多重性和复杂性同样为实际的责任划分带来了巨大的难题。

此外,也有研究指出,用户同样是重要的责任主体——由于用户是智能新闻的消费者和使用者,作为市场力量或行为主体,会反作用于人工智能系统的评估。用户可以自主选择那些符合他们伦理标准的系统而拒绝他们认为不道德的系统,还可能创造性地使用技术。从这一角度而言,用户参与了人工智能系统的后生产开发(Post-production Development),因而成为责任主体。⑤ 但是,也有学者从福柯和美德伦理学家的相关观点出发提醒我们,用户的道德自我可能在技术平台的规训下被改变,那么承担责任也就无从谈起。

---

① 仇筠茜,陈昌凤. 基于人工智能与算法新闻透明度的“黑箱”打开方式选择[J]. 郑州大学学报(哲学社会科学版), 2018, 51(5): 84-88,159.

② 杨保军.再论“人工智能新闻生产体”的主体性[J].新闻界,2021(8):21-27,37.

③ MILOSAVLJEVIĆ M, VOBIČ I. Human still in the loop: editors reconsider the ideals of professional journalism through automation[J]. Digital journalism, 2019, 7(8): 1098-1116.

④ ORR W, DAVIS J L. Attributions of ethical responsibility by artificial intelligence practitioners[J]. Information, communication & society, 2020, 23(5): 719-735.

⑤ ORR W, DAVIS J L. Attributions of ethical responsibility by artificial intelligence practitioners[J]. Information, communication & society, 2020, 23(5): 719-735.

可见,新闻业智能化转型中的伦理归责以“互动关系以及其上承载的利益和权力关系”①为重要标准,其网络化、流动性、多重性、复杂性的特点决定了这种伦理的灵活性。

二、人工智能与算法是否会危及个人信息安全、影响个人认知

从本质上来说,算法是一种中介,它是基于特定目标下的计算模型,在人与现实世界之间构建了一种数据化的界面。② 人工智能是计算机科学的一个分支,它能够对人的意识和思维的信息过程进行模拟。在智媒时代的背景下,人工智能与算法的广泛应用及发展给用户带来便利的同时也催生了一些新的问题。当前,媒介治理面临隐私侵犯、信息茧房、价值渗透等伦理挑战。

(一)隐私侵犯

在算法社会中,算法监控不仅是一种技术统称,而且是一种直接作用于人的新型控制方式。③ 在算法权力的笼罩下,每个人都在“被注视、被观察、被详细描述、被一种不间断的书写逐日地跟踪”④。当前,各网站、App 所采用的 AI 算法越来越智能化。数据挖掘无异于一种监控,监控所得的数据可以作为分析被观察者的数据库,由此拼接出个体的生活全景。这与个人隐私的数据化记录、数据聚合和挖掘技术的不断升级等一系列后台催化直接相关,对个体进行的隐性的规训与控制,形成了新型权力渗透与算法监控路径。⑤

海量的数据为用户提供了使用便利,但数据泄露的风险与日俱增,相关数据泄露案例层出不穷。2019 年 4 月 27 日,郭兵购买野生动物世界双人年卡,留存相关个人身份信息,并录入指纹和拍照。之后,野生动物世界将年卡入园方式由指纹识别调整为人脸识别,并向郭兵发送短信通知相关事宜,要求其进行人脸激活,双方协商未果,遂引发本案纠纷。该案件被称为国内“人脸识别第一案”。⑥ 2020 年 11 月 20 日,法院一审判决,野生动物世界删除郭兵办理年卡时提交的面部特征信息。

---

① 张梦,陈昌凤. 智媒研究综述:人工智能在新闻业中的应用及其伦理反思[J]. 全球传媒学刊, 2021, 8(1):63-92.

② 彭兰.算法社会的“囚徒”风险[J].全球传媒学刊,2021,8(1):3-18.

③ 黄静茹,莫少群.算法监控的逻辑理路、伦理风险及治理路径[J].南京社会科学,2022(6):130-136.

④ 福柯.规训与惩罚[M].刘北成,杨远婴,译.北京:生活·读书·新知三联书店,2003.

⑤ 黄静茹,莫少群.算法监控的逻辑理路、伦理风险及治理路径[J].南京社会科学,2022(6):130-136.

⑥ 最高人民法院新闻局.“人脸识别第一案”:生物识别信息应当更加谨慎处理和严格保护[EB/OL].(2021-04-10)[2023-02-27].https://baijiahao.baidu.com/s? id=1696624594399118105&wfr=spider&for=pc.

二审法院基于经营者单方变更入园方式构成违约，要求其删除消费者的面部特征信息之外，还应删除指纹识别信息。法官指出，本案系因野生动物世界收集、使用生物识别信息验证身份引发的服务合同纠纷。自然人的个人信息受法律保护，生物识别信息作为敏感的个人信息，深度体现自然人的生理和行为特征，具备较强的人格属性，一旦被泄露或者非法使用，可能导致个人受到歧视或者人身、财产安全受到不测危害，故应当更加谨慎处理和严格保护。①

（二）信息茧房

个性化推荐算法因近年来一些基于算法的内容平台的兴起而受到关注，目前主要的个性化推荐算法包括基于内容的推荐、协同过滤推荐、基于标签的推荐、社会化推荐、基于深度学习的推荐、基于知识的推荐、基于网络结构的推荐、混合推荐等。②

个性化推荐算法的运作逻辑看似提高了用户的满意度，实则隐藏了诸多伦理风险。长期来看，同质化的内容推荐将会固化用户的视野与思维，导致信息茧房现象出现。信息茧房某种程度上类似于李普曼的"拟态环境"，两者都会影响人们对信息环境感受的全面性与真实性。③ 从内容或产品推荐角度来看，作为中介的算法本身就是为用户提供一个过滤器，这种过滤在减少用户的认知负担的同时，也可能局限用户的视野。④虽然对这一效应的强弱乃至真伪尚存争议，但"算法黑箱"引发的一系列现实问题依然值得警惕，倡导价值理性与工具理性并重、人文关怀与技术发展交融的"算法安全"正在成为信息传媒行业乃至全社会的共识。⑤

智能传播时代的个性化内容推荐在算法技术应用层面实现了个人定制的信息传播流，在价值取向上正在从大众化向个人化转向。然而，技术和价值层面的个人化趋向，是否意味着传播学意义上的个人信息接触窄化？⑥ 国外有学者通过对谷歌搜索引擎的研究发现，虽然美国的不同意识形态的群体在检索政治候选人信息时会采用不同的检索词，但是这些词在谷歌搜索引擎上返回的结果是相似的，即谷

① 最高人民法院新闻局."人脸识别第一案"：生物识别信息应当更加谨慎处理和严格保护[EB/OL].(2021-04-10)[2023-02-27].https://baijiahao.baidu.com/s? id=1696624594399118105&wfr=spider&for=pc.

② 彭兰.算法社会的"囚徒"风险[J].全球传媒学刊,2021,8(1):3-18.

③ 龙耘，吕山.AI时代媒介治理的伦理体系：内涵、特征及实践原则[J].现代出版,2021(4):32-38.

④ 彭兰.算法社会的"囚徒"风险[J].全球传媒学刊,2021,8(1):3-18.

⑤ 龙耘，吕山.AI时代媒介治理的伦理体系：内涵、特征及实践原则[J].现代出版,2021(4):32-38.

⑥ 师文，陈昌凤.信息个人化与作为传播者的智能实体：2020年智能传播研究综述[J].新闻记者,2021(1):90-96.

歌搜索引擎的算法在事实上表现出主流化效果。① 国内有学者对个性化推荐系统使用者进行调查后发现，用户对今日头条的使用时间越长，越容易收到主题、观点趋同的新闻，但同时，今日头条也增加了用户对多个领域的新闻、新闻的多个侧面的接触。② 还有学者通过实验法探究用户与算法的互动如何影响信息可见性，发现受注意力经济驱使，算法在生成信息流时往往忽视个体差异化。③

(三)价值渗透

在大数据和人工智能技术的支持下，算法对组织机构或一些行业的决策作用也越来越显著。人们之所以需要借助算法来解决问题，是因为需要借助认知模型将认知负担控制在合目的的范围内。④然而，人工智能的功能具有双向性，人工智能在为人们提供解决方案的同时也带来了价值渗透的风险。当前，人工智能应用平台数据输出功能承载着后台技术操控者的话语权，因此，其用户数量的增加与使用范围的拓展也意味着其话语权与价值渗透力的增强。⑤

人工智能功能的双向性并不完全意味着人工智能技术在治理过程中总是发挥均衡有效的社会价值，人工智能功能的双向性也很可能给社会治理带来极大的潜在风险。风险主要表现在以下几个方面：首先，人工智能、互联网等科学技术在数据、网络的掩护下正在创造一些很隐蔽的政治空间，甚至西方将此标榜为民主政治的沃土，我国对这些空间尽管实施了一定的监管策略，但这些空间仍然被部分西方国家视为是无界的。例如，脸书(Facebook)作为一种技术平台曾促成了一些国家内部的青年运动。其次，人工智能技术在社会领域的应用，彻底改变了人际交往机制，社会政治力量之间的关系潜藏在数据、算法之后，新型关系模式冲击着权力结构边界、权利行动的范围以及原有的社会规范。⑥ 例如，人工智能技术在互联网平台存在着一些不合规应用，扰乱了互联网空间的秩序，让用户置身于真伪难辨的互

---

① TRIELLI D, DIAKOPOULOS N. Partisan search behavior and Google results in the 2018 US midterm elections [J]. Information, communication & society, 2022, 25(1): 145-161.

② 杨洸，佘佳玲.新闻算法推荐的信息可见性、用户主动性与信息茧房效应：算法与用户互动的视角[J].新闻大学，2020(2)：102-118，123.

③ 聂静虹，宋甲子.泛化与偏见：算法推荐与健康知识环境的构建研究——以今日头条为例[J].新闻与传播研究，2020，27(9)：23-42，126.

④ 蒋舸.作为算法的法律[J].清华法学，2019，13(1)：64-75.

⑤ 姚前.算法经济：资源配置的新机制[J].清华金融评论，2018(10)：91-98.

⑥ 王小芳，王磊."技术利维坦"：人工智能嵌入社会治理的潜在风险与政府应对[J].电子政务，2019(5)：86-93.

联网内容生态环境之中。2021 年 3 月，阿里巴巴、腾讯、字节跳动等互联网巨头因开发语音社交软件和涉“深度伪造”技术的应用被国家网信办约谈，网信办督促其按照相关法律法规及政策要求，完善风险防控机制和措施，履行企业信息内容安全主体责任。① 以上平台对于人工智能的违法使用所输出的内容会潜移默化地对沉浸在其中的个体、群体造成影响，在当前的智媒时代，不良的价值渗透所造成的影响也会蔓延到整个社会范围。

三、人工智能与算法是否会加剧社会不公和引发国家安全问题

除了人工智能与推荐算法对个体的影响，内容推荐算法也会在平台上营造一种整体的拟态环境。这种拟态环境能否全面、真实地反映现实社会，与算法的设计思路相关。当下，平台算法过分倚重流量的思路容易带来“马太效应”，②这会加重信息环境的不平衡，也使拟态环境与现实环境的偏离加大。③

（一）算法偏见与算法歧视

所谓算法歧视，是指“在某一特定群体或类别中，算法基于成员的身份而对其施以不合理的待遇”④。基于偏见形成的算法歧视，本质上是传统社会歧视在算法应用场景中的表征。⑤

算法和大数据的结合在实现数据价值、提高决策效率的同时，也存在歧视的阴暗面。算法歧视是以算法为手段所实施的歧视行为，指向算法决策产生的不相称的负面影响。这种负面影响带有明显的累积性和不可逆性特征，一方面，“在算法决策中，个体被赋予一种新的身份，即‘算法身份’，一旦将个体算法身份贴上某种易于被歧视的标签，就会产生双重累积劣势”⑥；另一方面，“当算法将虚拟世界和现实世界的个体相联结，将某一个体的过去、现在和未来相联结时，一次性的不公

---

① 龙耘，吕山.AI 时代媒介治理的伦理体系：内涵、特征及实践原则[J].现代出版，2021(4)：32-38.

② DANIEL R. The matthew effect：how advantage begets further advantage[M]. New York：Columbia University Press：2010.

③ 彭兰.算法社会的“囚徒”风险[J].全球传媒学刊，2021，8(1)：3-18.

④ ROMEI A，RUGGIERI S. A multidisciplinary survey on discrimination analysis[J]. The knowledge engineering review，2014，29(5)：582-638.

⑤ 杜骏飞，王敏.公正传播论(3)：价值算法的使命[J].当代传播，2022(4)：37-42.

⑥ 刘培，池忠军.算法歧视的伦理反思[J].自然辩证法通讯，2019，41(10)：16-23.

可能暗藏着对个体结构性的歧视锁定”[①]。

2015 年，计算机程序员 Jacky Alciné 在 Twitter 上公开谴责 Google Photos 的图像识别算法自动把两位黑人的照片标记为“Gorillas”（大猩猩）。[②] 类似的事件在几年后再次发生，2020 年，美国非营利性组织 Markup 研究发现，在谷歌广告门户（Google Ad Portal）上搜索“Black girls”“Latina girls”和“Asian girls”，返回的数百个词条都和色情有关，搜索“Black boys”“Latina boys”和“Asian boys”，也大多返回了与色情有关的词条，但搜索“White girls”或“White boys”时，则没有类似词条出现。[③] Joy Buolam-wini 通过对来自 3 个非洲国家和 3 个欧洲国家的 1270 名政客进行面部测试，发现由微软、IBM 和 Megvii 开发的三种商用面部识别技术，在面部识别的精度上都呈现为：男性优于女性、浅肤色人群优于深肤色人群，并且，对深肤色女性的识别最差。[④]

（二）数字劳工

数据智能让社会的每个个体与群体都裹挟其中，被动或主动地成为数据贡献者。[⑤] 在数字时代，传统的经济生产、营销和服务被纳入数字运行体系，数据成为一种重要生产资料参与生产力的创造之中，数字劳动因此成为当今社会劳动的新形态。数字劳动释放了大量就业机会，激活了生产力和创造力，同时也带来了隐性的劳动伦理侵蚀和权力支配，加深了人的工具化程度。[⑥]

有研究指出，与传统劳动中的雇主控制、等级控制、技术控制和科层制控制相比，外卖骑手的劳动是由平台通过数据、算法和模型的三重叠加展开控制的。[⑦] 这些是由算法催生的社会劳动异化现象，该现象会对劳动自由、能力平等等劳动伦理造成危害。韩炳哲提出：“数码设备带来了一种新的强制。”“基于可移动性，它把

---

① 张欣.从算法危机到算法信任：算法治理的多元方案和本土化路径[J].华东政法大学学报，2019，22(6)：17-30.

② BBC News. Google apologises for Photos app’s racist blun-der[EB/OL].[2023-02-03].https://www.bbc.co.uk/news/technology-33347866.

③ YIN L，SANKIN A. Google ad portal equated “Black Girls” with porn，the markup[EB/OL].[2023-02-03].https://themarkup. org/google the-giant/2020/07/23/google-advertising-keywords-black-girls.

④ BUOLAMWINI J，GEBRU T. Gender shades：Intersectional accuracy disparities in commercial gender classification[J]. Proceeding of machine learning research，2018(81)：1-15.

⑤ 龙耘，吕山.AI 时代媒介治理的伦理体系：内涵、特征及实践原则[J].现代出版，2021(4)：32-38.

⑥ 黄静茹，莫少群.算法监控的逻辑理路、伦理风险及治理路径[J].南京社会科学，2022(6)：130-136.

⑦ 陈龙.“数字控制”下的劳动秩序：外卖骑手的劳动控制研究[J].社会学研究，2020，35(6)：113-135，244.

每一个地点都变成一个工位，把每一段时间都变成工作时。"[①]他对比了机械时代和当下数字时代人们工作方式的不同。机械时代，由于"机器的不可移动性"，当人们脱离了工作空间的工位，在下班时间当中就因为客观原因无法再继续工作，也因此"工位与非工作空间"呈现出了明显的界限。然而，在当下的数字时代，由于笔记本电脑和智能手机就能实现随时办公，便曾出现过放假期间爬长城的游客，突然拿出笔记本电脑蹲在城墙上开始写代码的新闻。如今，对于很多职业来说，工作和非工作的空间基本消失，"数码设备让工作本身变得可移动"。人们可以把"工位"带在身上，随时随地开始工作。

(三)智能鸿沟

30年来，随着数字传播驱动社会信息传播机制的范式转变，数字鸿沟也基本同步地经历了特性鲜明的三种范式，即从最初的接入鸿沟(数字鸿沟 1. 0)到网络使用的素养鸿沟(数字鸿沟 2. 0) 和智能时代以数据为核心的智能鸿沟(数字鸿沟 3. 0) 。[②] 21 世纪 20 年代，随着基于算法的智能传播强势崛起，社会信息传播机制开始突破甚至"摒弃"传统大众传播、网络传播和社交传播中关键人的关键环节，进入机器和算法直接驱动的新阶段。[③]智能传播有着超越原有各种传播机制的天然优势，是人类社会的重要进步。[④] 但是，由于突破传统固有体制，智能传播依然缺乏完善的规范、伦理和制度，智能鸿沟的问题正是在这样的背景下产生的。

智能鸿沟更多取决于人群的自然属性，例如年龄。疫情防控期间，智能媒体才能生成的"健康码"，导致一大批不会使用智能手机的老人，无法以地理信息数据和移动平台接口来说明自身的健康状况，也因此被剥夺了自由通行的权利，甚至形成了这些老人在心理上的生存危机。健康码以及此前存在的手机支付、网约车服务等智能困境，深化了对这部分人的压迫。在更深远的意义上，智能时代，包括大数据、云计算、智慧城市系统所代表的人工智能革命，将重新定义一种新的人类生活。例如，在不太远的未来，社会大数据和机器智能的使用，将解决个性化治疗、消费与生活的系统化控制、教育及技能培育的定制等一系列难题，而那时，沦陷于智能鸿沟里的人群，将难以得到这些基础服务；甚至，由于机器识别、数据积累、软

---

① 韩炳哲.在群中：数字媒体时代的大众心理学[M].程巍，译.北京：中信出版社.2019

② 钟祥铭，方兴东.智能鸿沟：数字鸿沟范式转变[J].现代传播(中国传媒大学学报)，2022，44(4)：133-142.

③ 方兴东，钟祥铭，严峰.论数字传播学的崛起：传播学新范式的演进历程、知识体系和路径选择[J].新闻与写作，2020(11)：37-51.

④ 钟祥铭，方兴东.智能鸿沟：数字鸿沟范式转变[J].现代传播(中国传媒大学学报)，2022，44(4)：133-142.

件操作、平台认知与利用等一系列壁垒的存在,类似于健康码的生存阻断,很可能蔓延到一切工作、生活乃至情感环境中。这种智能时代才会有的危机,将老年群体、低认知群体、穷人与贫困地区人群的窘困,放大到无法想象的程度,并成为一种典型的哲学隐喻:智能时代使得社会主流与少数弱势人群之间,划出一道远深于代际鸿沟与城乡鸿沟的生存体验鸿沟,并且,这一技术—工具化的阻隔,充满了先验性与不可逆性。①

(四)网络攻击

2022 年 2 月 23 日,北京奇安盘古实验室披露了隶属于美国国安局的黑客组织“方程式”利用顶级后门对包括中国、俄罗斯等全球 45 个国家和地区开展长达十几年的“电幕行动”网络攻击,涉及的机构目标包括知名高校、科研机构、通信行业、政府部门等。2022 年 3 月 2 日,360 公司发布的报告披露,美国国安局利用网络武器对中国等全球 47 个国家及地区的 403 个目标开展网络攻击,数十年不曾停歇。

2022 年 9 月 5 日,国家计算机病毒应急处理中心和 360 公司分别发布了关于西北工业大学遭受美国国家安全局网络攻击的调查报告,美国国家安全局(NSA)下属的“特定入侵行动办公室”(TAO)使用了 40 余种不同的专属网络攻击武器,持续对西北工业大学开展攻击窃密,窃取该校关键网络设备配置、网管数据、运维数据等核心技术数据。② 对此,外交部发言人毛宁表示:“美方行径严重危害中国国家安全和公民个人信息安全。中方强烈谴责,要求美方作出解释并立即停止不法行为。”③此次关于西北工业大学遭受境外网络攻击的调查报告还发现,美国国家安全局“特定入侵行动办公室”利用窃取到的网络设备账号口令,渗透控制中国基础设施核心设备。具体包括:以“合法”身份进入中国某基础设施运营商服务网络,控制相关服务质量监控系统,窃取用户隐私数据。④

---

① 杜骏飞.定义“智能鸿沟”[J].当代传播,2020(5):1.

② 李云舒,薛鹏,柴雅欣. 揭开“黑客帝国”虚伪面纱[N]. 中国纪检监察报,2022-09-06(004).

③ 光明网.中方强烈谴责,要求美方作出解释并立即停止不法行为[EB/OL].(2022-09-06)[2023-02-27].https://m.gmw.cn/baijia/2022-09/06/36004776.html.

④ 央视新闻.总台独家报道丨西北工业大学遭受美国 NSA 网络攻击调查报告(之二)[EB/OL].(2022-09-27)[2023-02-27].http://news.cctv.com/2022/09/27/ARTIHRBJPVBb1QkxfnSMe5Zn220927.shtml.

第四节　人工智能、算法与伦理规约

伦理是人们所遵守的道德规范或原则，用于指导人类的社会行为。这些道德规范或原则是“明确或限制行为秩序的行为指令，这种指令涉及道德正义，也就是说是区别于法律规范的道德规定性”①。因此，伦理关乎的是人的行为，决定行为主体该不该做以及要在怎样的道德规范制约下做的问题。英国社会学教授齐格蒙特·鲍曼曾对现代技术发展发出伦理呼唤的声音：“我们生活在一个碎片化与充满模糊性的时代，我们比过去任何时代更迫切地需要伦理。”②德国当代技术哲学家弗里德里希·拉普也对技术伦理的必要性进行了阐述，“如今技术造成的成果比以前的时代更大、更深远，任何不负责任的、利己主义的、从特殊利益出发的行动，其后果也更为严重”③，“技术的核心机制就是设计和创新，技术活动的形成是由一定的哲学前提和价值观决定的”④，“人类的选择不是建立在自觉的、表达清晰的决策程序之上的，而基本上是由无反省的内化行为模式决定的”⑤，也就是说，人在技术发展中占主导地位，技术产品和设计必须合乎人类道德和需求，且技术决策过程往往复杂而模糊，决定了加强技术伦理建设的必要性。

以算法为例，“从算法的复杂性、人的局限性、环境的动态变化等角度来看，算法后果具有不可预测性”⑥。这种不可预测性是算法的内在属性，可能会导致算法不可控，产生人类预想之外或对社会有威胁的后果。此外，技术是可以人为操控的，美国斯坦福大学法学院教授劳伦斯·莱斯格曾提出“代码即法律”（Code is Law）的观点——“尽管代码可以实现去管制化，但代码本身不是固定的，而是可以被商业、政治等非技术力量操纵和改变的。”⑦算法作为人类智慧的产物，与人的价值取向、思维方式、利益立场等密切相关，或者可以说，“算法存在价值负荷，持不同

---

① MACHURA P.Moral norms, moral ideas and supererogation[J]. Folia philosophica,2013(29):127-159.

② 鲍曼.后现代伦理学[M].张成岗，译.南京：江苏人民出版社，2003:20.

③ 拉普.技术哲学导论[M].刘武，译.沈阳：辽宁科学技术出版社，1986:150.

④ 拉普.技术哲学导论[M].刘武，译.沈阳：辽宁科学技术出版社，1986:34-35.

⑤ 拉普.技术哲学导论[M].刘武，译.沈阳：辽宁科学技术出版社，1986:124.

⑥ 郭林生.论算法伦理[J].华中科技大学学报(社会科学版)，2018,32(2):40-45.

⑦ 莱斯格.代码：塑造网络空间的法律[M].李旭，译.北京：中信出版社，2004.

价值判断的人会设计出不同的算法,或者说是选择不同的算法来解决问题”①。可见,人是算法的尺度,当别有用心的开发者将病毒或有负面价值负荷的代码植入算法中时,用户数据泄漏、隐私曝光、反动信息大肆传播等不良后果极有可能会出现。如今,人工智能和算法技术带来的影响已经深入社会生活的方方面面,并已步入商业化、产业化阶段,由人工智能和算法技术产生的或其潜在的种种伦理问题已到了不得不重视和解决的时刻,为此,各个领域相继提出了一系列的伦理规范和原则。

一、阿西莫夫三定律

从人工智能处于萌芽之时,关于人工智能和人类关系的思考及讨论就不绝于耳。由于彼时人工智能的能力太弱,很多讨论体现在科幻作品中,阿西莫夫三定律就是典型代表。1950 年,艾萨克·阿西莫夫在小说集《我,机器人》(*I, Robot*)中提出了“机器人三定律”(Three Laws of Robotics):“第一,不伤害定律:机器人不得伤害人类,也不得见人受到伤害而袖手旁观;第二,服从定律:机器人必须服从人的命令,但不得违反第一定律;第三,自保定律:机器人必须保护自己,但不得违反一、二定律。”②这一定律坚守了人类在人机关系中的统治地位,并成为后世学术界研究的重要参考。美国计算机科学家约瑟夫·维森鲍姆在其 1976 年出版的《计算机的力量与人类的推理》一书中也对人工智能滥用可能危害人类生命价值这一点进行了初步探讨。

二、阿西洛马 23 条准则

关于人工智能在设计研发、伦理规范、应用标准、风险治理等方面的讨论随着技术发展得到重视并不断深入,2015 年年初,物理学家霍金、企业家马斯克牵头签署公开信,公开要求限制人工智能技术,呼吁各技术人员控制人工智能技术的开发,学界、业界目前已取得了一系列富有卓见的研究方案。2017 年 1 月,美国加州召开阿西洛马会议,八百余名人工智能专家围绕科研目的、伦理价值、人类控制、自由隐私等话题共同签署了“阿西洛马 23 条准则”(Asilomar AI Principles),列举了包括安全性原则、透明性原则、分享利益原则等在内的 23 条准则,强调人工智能研发要以人类利益和价值为先,旨在确保人类在新技术出现时得以规避其潜在风险,

---

① KRAEMER F, VAN OVERVELD K, PETERSON M. Is there an ethics of algorithms? [J]. Philosophy&technology, 2011(13):251-260.

② 阿西莫夫.我,机器人[M].叶李华,译.南京:江苏文艺出版社, 2015.

该准则是对解决人工智能伦理问题的方法论探索。

三、各国布局人工智能与算法伦理规制

2005年后，关于人工智能和算法技术的伦理规约陆续在全球各国展开，多从政府、企业或协会层面通过法律法规或行业准则、设立监管机构、资助相关研究等方面来促进伦理规约建设紧跟技术快速发展的步伐，引导技术创新发展方向，进一步推动科技向善。部分规约准则信息如下：

表12-1　部分国家/组织发布的关于人工智能和算法的伦理准则

发布时间	国家/组织	准则名称	内容概要
2007年	日本千叶大学	《千叶大学机器人宪章》	对机器人研究进行规范化管理，以保障研究用于和平的目的。
2016年	美国电气电子工程师学会（IEEE）	《人工智能道德准则》	提倡实现人权理念、人类与自然环境的效益最大化、减少人工智能和自律系统等带来的风险及负面影响等三条原则。
2016年	英国政府	《人工智能：未来决策制定的机遇与影响》	技术的发展必须要建立在技术无害的前提之下，强调公民的权利不能受到技术的侵害；建立企业问责法规，要求企业严格遵守。
2017年	美国计算机协会公共政策委员会（USACM）	《关于算法透明性和可问责性的声明》	应当在系统开发和部署的每个阶段应用算法透明及可问责性的原则。
2019年	二十国集团（G20）	《G20人工智能原则》	在"负责任地管理可信赖AI的原则"这一部分中提出包容性增长、可持续发展及福祉；以人为本的价值观及公平性；透明度和可解释性；稳健性、安全性和保障性；问责制等五条原则。
2019年	欧盟委员会	《人工智能伦理指南》	提出可信人工智能的几个要素，包括：保障人工智能技术的人的自主性、稳健性和安全性，确保隐私和数据管理，确保算法系统的透明度，以及要求人工智能提供多样化、非歧视性和公平的服务。
2019年	中国国家新一代人工智能治理专业委员会	《新一代人工智能治理原则——发展负责任的人工智能》	突出了发展负责任的人工智能这一主题，强调了和谐友好、公平公正、包容共享、尊重隐私、安全可控、共担责任、开放协作、敏捷治理等八条原则。
2021年	联合国教科文组织（UNESCO）	《人工智能伦理问题建议书》	包括相称性和不损害、保障安全、公平和非歧视、可持续性、隐私权和数据保护、人类监督和决定、透明度和可解释性、责任与问责、技术认知和素养、多利益攸关方协同治理等十方面。
2021年	中国网络社会组织联合会	《互联网信息服务算法应用自律公约》	包括严守法律法规、落实主体责任、维护个人权益、筑牢安全防线、促进算法公平、推动创新发展等要求。

四、人工智能和算法发展的基本原则与伦理共识

纵览目前全球范围内公开发布的权威准则或报告，其中，G20 关于可信赖人工智能的五大原则与其他文本相比，更加简明扼要且全面透彻，涉及了 AI 从研发、生产到应用、治理的全系统生命周期中的多种参与者（包括研究人员、工程师、用户、公私实体等各类利益攸关方）。此外，在各国各机构发布的伦理准则中，可信赖、负责任、公平、隐私保护、透明、安全等关键词出现频次较多，词中所体现的 AI 伦理实现的多维路径和具体要求也与 G20 发布的五大原则基本一致，因而，可将 G20 发布的五大原则作为人工智能和算法发展的基本原则与伦理共识。其主要内容如下：

第一，包容性增长、可持续发展和人类福祉：利益攸关方应积极参与可信人工智能的负责任管理，追求对人类和地球有益的结果；

第二，以人为本的价值观和公平：参与者在整个 AI 系统生命周期，应尊重法治、人权和民主价值观；

第三，透明度和可解释性：参与者应承诺对 AI 系统进行透明的和负责任的披露，提供有意义的、客观的、与最新技术一致的信息；

第四，稳健性、保障性和安全性：在 AI 系统生命周期中参与者应根据角色和责任保证数据、流程的可追溯性，持续解决相关风险，确保 AI 系统能正常运行且不造成不合理的安全性风险；

第五，问责制：参与者应对 AI 系统的正常运行负责，并根据其角色、背景和符合最新技术的要求尊重上述原则。

各国各界对人工智能伦理原则的探索伴随着技术的演进，体现了人与技术关系中对人类主体性地位的强调，体现了将道德的、正义的价值观嵌入人工智能创新产物的系统中，及加强技术风险防范和有效控制的治理理念，是为实现科技与人类可持续发展共同目标的价值坚守，也是对不断涌现的现实伦理困境和争议的回应，为具体伦理问题的解决提供了可供参考的原则遵循。不过，在具体伦理问题的治理中，这些规范性文件的实用性和有效性仍有待长期考察、论证和完善。

第五节　算法伦理风险治理的“变”与“不变”

在当前的数字时代,技术与伦理问题的纠缠难以避免也是值得深思的。随着技术的发展,算法伦理的核心原则是不变的,但随着新的问题不断产生,伦理风险及治理逻辑、路径需要改变和创新。

一、“变”:伦理风险治理逻辑、路径需要改变和创新

伴随全球化背景下从统治到治理的范式转变,媒介规制的基本理念也开始从管理转向了治理。随着互联网的更新换代,我国的网络治理由过去门户时代的“媒介管理”逻辑转为寻求多元主体共治的社会治理思维。在以“人与内容”为核心的互联网门户时代,只要管控信息传播的上游入口,便可形成可控的传播环境。然而,当互联网进入社交时代后,网络环境日益复杂,传统的媒介管理逻辑已然式微,单一依赖政府的媒介管理时代开始转向多元主体参与的社会共治时代。作为社会治理的中介系统,媒介治理系统某种程度上成为各种社会生态系统的连接点和社会网络协调的中枢与核心。技术驱动的社会变革不断塑造着权力与传播的关系,信息传播格局呈现出多元态趋势,多重主体共同参与信息治理,由此构建出全新的传播共治格局,基本完成了从管理到治理的模式转型。①

随着技术的发展,新的问题不断产生,算法社会对人的决策、判断力带来的挑战是双重的。一方面,我们要防止把所有决策、判断都交给算法,要判断算法在哪些方面可以帮助我们做出更好的决策,以及在哪些方面可能把我们带入歧途;另一方面,信息传播的一个重要目标是社会整合,促成不同人群连接,促进公共对话。因此,内容推荐算法也需要兼顾个性化满足与公共整合双重目标,这也应是算法未来努力的方向。② 即使在很多时候要参照算法,我们也需要有能力判断算法本身是否有缺陷,算法依据的数据是否可靠,算法是否存在偏见,算法提供的结果是否合理、准确。在没有这种判断力的前提下,盲目依赖算法,也就难免会陷入各种陷阱。③ 因此,在进行伦理风险治理时,治理的逻辑和路径要不断创新,人工智能的

---

① 龙耘,吕山.AI时代媒介治理的伦理体系:内涵、特征及实践原则[J].现代出版,2021(4):32-38.

② 彭兰.算法社会的“囚徒”风险[J].全球传媒学刊,2021,8(1):3-18.

③ 彭兰.算法社会的“囚徒”风险[J].全球传媒学刊,2021,8(1):3-18.

技术化归是其社会价值形成的过程，技术是其中的自变量。从本质上来说，对技术的驯化实则是对新技术运用进行社会选择的过程，表现在社会治理中就是对数据与算法的社会选择，将其正向社会价值最大化。[①] 同时，当刚性政策难以应对技术驱动下层出不穷的新问题时，可在伦理原则与规范的基础之上调动媒介和用户之间的能动性，激发个体带动群体成员关系，进而实现内部自治、提升公民素养，成为有效的治理方案。

二、"不变"：算法伦理的核心原则——算法人文主义

当下，以人工智能、算法、大数据、5G技术等为代表的媒介技术革命，已嵌入社会生活的各个层面，甚至深入人的身体，从而构建了新的人机关系，再造了人类主体，也成为人类社会的"构成性要素"[②]和社会运行的"基础操作系统"[③]。智能算法正在重新界定我们的生活理念，改变我们的决策方式，但其中不变的是算法伦理的核心原则，即保持人的独特性，坚持以人为本的伦理观。[④] 在具体的实践应用层面，算法人文主义逐渐成为全球的共识原则。

算法伦理的核心原则是算法人文主义，重视人的独特性、坚持以人为本，尊重丰富且复杂的人和人性，在算法应用中坚持和倡导社会的公平正义原则。[⑤] 算法人文主义从底线意义的"以人为本"出发，主张将人的行动限定在信仰、法律和道德伦理的价值体系之内，以保护人之为人的最为宝贵的尊严和自由。人与世界（包括与各种技术存在物的关系）并不是简单的主客体关系、目的和手段的关系，而是物我两忘、融为一体的共同存在。一方面，算法作为人的存在的重要维度，是对人之主体性的重要呈现；另一方面，由于人的存在是丰富的、多样的，算法应该在与人的共存之中，维护人之为人的尊严和主体性。从最底线的"以人为本"出发，算法人文主义提出了维护人的尊严、保护个体自由、维系社会公平正义、增进人类整体福祉和促进可持续发展等基本价值理念。在算法的研发设计与应用过程中，要求要有人的视角和人的在场；算法的研发和应用要划定"有所不为"的禁区，并将更多的精力和资源投入与保护人的消极自由而不是扩展人的

---

① 王小芳，王磊."技术利维坦"：人工智能嵌入社会治理的潜在风险与政府应对[J].电子政务，2019(5)：86-93.

② 孙玮.传播再造身体[J].新闻与写作，2020(11)：5-11.

③ 金兼斌，王辉.社会化媒体使用与科学知识沟：以转基因知识沟为例[J].新闻与写作，2020(10)：5-11.

④ 陈昌凤.智能传播：理论、应用与治理[M].北京：中国社会科学出版社，2021.

⑤ 陈昌凤，吕宇翔.算法伦理研究：视角、框架和原则[J].内蒙古社会科学，2022，43(3)：163-170，213.

积极自由相关的领域；为了促进社会公平正义、防止算法权力对个体消极自由和社会公平的侵犯，要对算法的有效性、必要性和正当性进行衡量和评估；为了实现算法人文主义的整体主义的技术观和世界观，我们还必须将人类视作一个整体，从促进人类整体的自由和福祉出发，规制算法的研发和应用，不仅要防止算法沦为少数人统治多数人的暴政，更要防止因人工智能的研究和使用而导致的毁灭。①

三、算法监控引发伦理失范的治理路径

(一)构建智能时代的责任伦理体系

媒介治理须遵循道德伦理的基本特性，完成从市场逻辑走向公益逻辑、从粗放走向集约的机制迭代与价值转型。伴随互联网的发展和人工智能时代的到来，隐私泄露、算法黑箱、后真相、假新闻等现象层出不穷，信息传播领域成为争议与交锋的汇流之地，遏制互联网科技公司的“平台垄断”正在成为世界性的难题。以上提到的问题都使得伦理在媒介治理系统中的核心作用更加凸显，建构相关的伦理体系与实践原则成为新形势下媒介治理的关键。建立一套与现实发展相适应的规范性系统，形成与受众、用户良性互动的运行机制，营造健康的生态环境，这是媒介治理的本质特征和基本诉求。② 作为媒体机构，在人工智能时代，需要在经营管理中突出人文情怀、坚持以人为本的价值取向；清晰定位人与技术的角色，厘清两者的关系，即人工智能赋能人，而不是取代人。在机器算法的设定中要体现人的核心价值，关注人作为独立个体的切实需求。③

(二)建立完善的制度进行伦理的规范与伦理风险的防范

第一，完善立法和严格执法，加强法律法规的约束作用。当下，各类数据存在拥有主体多样、处理活动复杂的问题，由此产生的信息安全风险隐患增加。在时代背景之下，我国需要创制更为完备的具有侧重性、针对性、可操作性的法律法规，为算法监控所引发的公民和组织权益受损提供底线保护。④ 以《网络安全审查办法》

---

① 陈昌凤，李凌.算法人文主义：公众智能价值观与科技向善[M].北京：新华出版社，2022.

② 龙耘，吕山.AI时代媒介治理的伦理体系：内涵、特征及实践原则[J].现代出版，2021(4)：32-38.

③ 韦路，左蒙.中国智能媒体的使用现状及其反思[J].当代传播，2021(3)：73-78.

④ 黄静茹，莫少群.算法监控的逻辑理路、伦理风险及治理路径[J].南京社会科学，2022(6)：130-136.

为例,2022 年 1 月 4 日,我国国家互联网信息办公室等十三部门修订发布《网络安全审查办法》,将网络平台运营者开展数据处理活动影响或者可能影响国家安全等情形纳入网络安全审查,并明确掌握超过 100 万用户个人信息的网络平台运营者赴国外上市必须向网络安全审查办公室申报网络安全审查。根据审查实际需要,增加证监会作为网络安全审查工作机制成员单位,同时完善了国家安全风险评估因素等内容。①

第二,确立尺度和完善规则,加强算法伦理的规范作用,确立规则比禁止使用更为重要。② 2020 年 9 月 8 日上午,国务委员兼外长王毅提出《全球数据安全倡议》。王毅强调,中国数字经济蓬勃发展,网民数量超过 9 亿。中国法律对于保障公民和组织的合法权益,包括数据安全和个人信息等,都做出了明确规定。中国政府严格践行数据安全保护有关原则,没有也不会要求中方企业违反别国法律向中国政府提供境外数据。③ 2021 年 9 月 25 日,国家新一代人工智能治理专业委员会发布了《新一代人工智能伦理规范》,旨在将伦理道德融入人工智能全生命周期,为从事人工智能相关活动的自然人、法人和其他相关机构等提供伦理指引。该规范提出了增进人类福祉、促进公平公正、保护隐私安全、确保可控可信、强化责任担当、提升伦理素养等 6 项基本伦理要求。同时,提出人工智能管理、研发、供应、使用等特定活动的 18 项具体伦理要求。④ 以上两则伦理规范都对我国算法伦理规范的建设与发展产生了良好的效果,及时地发现了问题、杜绝了伦理风险隐患。

当前,网络空间安全威胁是各国面临的共同挑战,维护网络安全是国际社会的共同责任。在此背景下,我国倡导共同、综合、合作、可持续的新安全观,将尊重他国主权和安全作为前提,坚持通过对话协商以和平方式解决国家间的分歧和争端,谋求双赢、多赢和共赢,这也是合乎维护全球和平安全的根本之道。

---

① 中国网信网.国家互联网信息办公室等十三部门修订发布《网络安全审查办法》[EB/OL].(2021-01-04)[2023-02-27].http://www.cac.gov.cn/2022-01/04/c_1642894602144070.htm.

② 黄静茹,莫少群.算法监控的逻辑理路、伦理风险及治理路径[J].南京社会科学,2022(6):130-136.

③ 央广网.中方提出《全球数据安全倡议》[EB/OL].(2020-09-08)[2023-02-27].https://baijiahao.baidu.com/s? id=1677229108115488379&wfr=spider&for=pc.

④ 中华人民共和国科学技术部.《新一代人工智能伦理规范》发布[EB/OL].(2021-09-26)[2023-02-27].https://www.most.gov.cn/kjbgz/202109/t20210926_177063.html.

思考题

1. 什么是人工智能？它包括哪些类型？
2. 如何理解人工智能给新闻伦理带来的影响？
3. 算法人文主义对构建智能时代的伦理体系有什么启示？

参考文献

著作

[1]帕尔玛.伦理学导论[M].黄少婷,译.上海:上海社会科学院出版社,2011.

[2]何怀宏.伦理学是什么[M].北京:北京大学出版社,2002.

[3]弗兰克纳.伦理学[M].关键,译.北京:生活·读书·新知三联书店,1987.

[4]麦金太尔.伦理学简史[M].龚群,译.北京:商务印书馆,2003.

[5]森.伦理学与经济学[M].王宇,王文玉,译.北京:商务印书馆,2014.

[6]桑德尔.公正:该如何做是好?[M].朱慧玲,译.北京:中信出版社,2012.

[7]雷切尔斯 J,雷切尔斯 S.道德的理由[M].杨宗元,译.7 版.北京:中国人民大学出版社,2014.

[8]康德.道德形而上学的奠基(注释本)[M].李秋零,译注.北京:中国人民大学出版社,2013.

[9]亚里士多德.尼各马可伦理学[M].廖申白,译注.北京:商务印书馆,2003.

[10]展江,彭桂兵.媒体道德与伦理:案例教学[M].北京:中国传媒大学出版社,2014.

[11]帕特森,威尔金斯.媒介伦理学:问题与案例[M].李青藜,译.北京:中国人民大学出版社,2006.

[12]巴兰,戴维斯.大众传播理论:基础、争鸣与未来(第五版)[M].曹书乐,译.北京,清华大学出版社,2014.

[13]格里芬.初识传播学[M].展江,译.北京:北京联合出版公司.2016.

[14]麦奎尔.麦奎尔大众传播理论[M].崔保国,李琨,译.北京:清华大学出版社,2010.

[15]新闻出版总署.中国新闻工作者职业道德准则[M].北京:人民出版社,1994.

[16]莱文森.新新媒介[M].何道宽,译.上海:复旦大学出版社,2011.

[17]特纳.普通人与媒介:民众化转向[M].许静,译.北京:北京大学出版社,2011.

[18]基恩.网民的狂欢:关于互联网弊端的反思[M].丁德良,译.海口:南海出版社,2010.

[19]波斯特.第二媒介时代[M].范静哗,译.南京:南京大学出版社,2001.

[20]哈贝马斯.公共领域的结构转型[M].曹卫东,等译.上海:学林出版社,1999.

[21]阴卫芝.选择的智慧:职业传播者网络传播伦理问题、案例与对策[M].北京:中国政法大学出版社, 2014.

[22]拉斯韦尔.社会传播的结构与功能[M].何道宽,译.北京:中国传媒大学出版社,2013.

[23]西伯特,彼得森,施拉姆.传媒的四种理论[M].戴鑫,译.北京:中国人民大学出版社,2008.

[24]新闻自由委员会.一个自由而负责的新闻界[M].展江,王征,王涛,译.北京:中国人民大学出版社,2004.

[25]尼罗,贝里,布拉曼,等.最后的权利:重议《报刊的四种理论》[M].周翔,译.汕头:汕头大学出版社,2008.

[26]哈林,曼奇尼.比较媒介体制:媒介与政治的三种模式[M].陈娟,展江,译.北京:中国人民大学出版社,2012.

[27]克里斯琴斯,格拉瑟,麦奎尔,等.传媒规范理论[M].黄典林,陈世华,译.北京:中国人民大学出版社,2022.

[28]潘祥辉.媒介演化论:历史制度主义视野下的中国媒介制度变迁研究[M].北京:中国传媒大学出版社,2009.

[29]牛静.全球媒体伦理规范译评[M].北京:社会科学文献出版社,2018.

[30]牛静,杜俊伟.全球主要国家媒体伦理规范(双语版)[M].武汉:华中科技大学出版社,2017.

[31]李普曼.公众舆论[M].阎克文,江红,译.上海: 上海人民出版社,2002.

[32]陈力丹.新闻理论十讲[M].上海: 复旦大学出版社,2008.

[33]科瓦齐,罗森斯蒂尔.新闻的十大基本原则:新闻从业者须知和公众的期待[M].刘海龙,连晓东,译.北京:北京大学出版社,2011.

[34]舒德森.知情权的兴起:美国政治与透明文化(1945-1975)[M].郑一卉,

译.北京:北京大学出版社,2018.

[35]林爱珺.知情权的法律保障[M].上海:复旦大学出版社,2010.

[36]麦金农.迈向女性主义的国家理论[M].曲广娣,译.北京:中国政法大学出版社,2007.

[37]翟学伟.中国人的关系原理:时空秩序、生活欲念及其流变[M].北京:北京大学出版社,2011.

[38]沙勒夫.隐私不保的年代[M].林铮顗,译.南京:江苏人民出版社,2011.

[39]张新宝.隐私权的法律保护[M].北京:群众出版社,2004.

[40]贝克.媒体、市场与民主[M]. 冯建三,译.上海:上海人民出版社, 2008.

[41]莱斯格.免费文化: 创意产业的未来[M].王师,译.北京:中信出版社,2009.

[42]贝蒂格.版权文化: 知识产权的政治经济学[M].沈国麟,韩绍伟,译.北京:清华大学出版社,2009.

[43]罗斯.版权的起源[M].杨明,译.北京:商务印书馆,2018.

[44]熊卫平.公关伦理学[M].杭州:浙江大学出版社,2005.

[45]杨芳.公共关系伦理[M].上海:华东师范大学出版社,2014.

[46]克里斯蒂安,等.媒体伦理学:案例与道德论据[M].蔡文美,等译.北京:华夏出版社,2000.

[47]SEDGEWICK R, WAYNE K.算法[M].谢路云,译.4 版.北京:人民邮电出版社, 2012.

[48]李开复,王咏刚.人工智能[M].北京:文化发展出版社, 2017.

[49]波斯特洛姆.超级智能:路线图、危险性与应对策略[M].张体伟,张玉青,译.北京:中信出版社,2015.

[50]沈寓实,徐亭,李雨航.人工智能伦理与安全[M].北京:清华大学出版社, 2021.

[51]拉普.技术哲学导论[M].刘武,译.沈阳:辽宁科学技术出版社, 1986.

[52]泽利泽.想象未来的新闻业[M].赵如涵,译.北京:中国人民大学出版社,2022.

[53]BOK S. Lying: moral choice in public and private life[M]. New York: Pantheon, 1978.

[54]JENSEN J V. Ethical issues in the communication process[M]. Mahwah, NJ: Lawrence Erlbaum Associates,1997.

[55] DAY L A. Ethics in media communications: cases and controversies[M]. 2nd ed. Belmont, CA: Wadsworth,1997.

[56] COHEN S, DEVILS F, MORAL P M. The creation of the mods and rockers [M].3rd ed. New York:Routledge,2002.

[57] GILLMOR D. We the media-grassroots by the people and for the people[M]. Sevastopol,CA:O'Reilly,2004.

[58] VACA-BAQUEIRO M T. Four theories of the press: 60 years and counting [M]. New York:Routledge, 2018.

[59] BOK S. Secrets:on the ethics of concealment and revelation[M]. New York: Pantheon Books,1982.

[60] MURDOCK W G, SOUSA H. The handbook of political economy of communications[M]. Chichester:Wiley-Blackwell, 2011.

[61] SCHUDSON M. The rise of the right to know: politics and the culture of transparency,1945—1975[M]. Cambridge:Harvard University Press, 2015.

[62] WILKINS L, CHRISTIANS C G. The routledge handbook of mass media ethics[M]. 2nd ed. Vanderbilt Avenue, New York: Taylor & Francis,2020.

期刊

[1]焦国成.论伦理:伦理概念与伦理学[J].江西师范大学学报(哲学社会科学版),2011,44(1).

[2]刘海龙.新闻工作者微博应用的困境及其根源[J].新闻记者,2012(9).

[3]白净.新闻记者使用社交媒体规范探讨:中国大陆媒体、路透社、美联社规范比较研究[J].新闻记者, 2013(3).

[4]张金玺.美国网络中介者的诽谤责任与免责规范初探[J].新闻与传播研究,2015,22(1).

[5]展宁,周晨静.传播研究中的“功能主义”:一个历史概念的蕴含与演化[J].国际新闻界,2022,44(5).

[6]展江,王晓笎.从“四种理论”到“去西方化理论”:比较媒介研究的演进[J].上海大学学报(社会科学版),2008(4).

[7]王亮.媒介体制的模式与变迁:基于《比较媒介体制》的实证研究[J].国际新闻界,2022,44(9).

[8]方振武,韦路.比较媒介体制研究:历史、现状与未来[J].国际新闻界,

2021,43(6).

[9]谢金文,王健美.媒介体制研究的基点和进程[J].新闻春秋,2020(3).

[10]李红涛.全球媒介体制:从规范理论到比较研究[J].中国传媒报告.2012(4).

[11]贺程.《报刊的四种理论》后媒介规范理论的发展研究[J].国际新闻界,2012,34(5).

[12]年度传媒伦理研究课题组,刘鹏,王侠,等.2021年传媒伦理研究报告:暨2021年虚假新闻研究报告[J].新闻记者,2022(1).

[13]杨保军.事实·真相·真实:对新闻真实论中三个关键概念及其相互关系的理解[J].新闻记者,2008(6).

[14]杨保军.准确理解新闻的"整体真实"[J].新闻界,2020(4).

[15]郑保卫.对新闻真实理论中两组概念的解读[J].新闻战线,2007(6).

[16]李希光,吴艳梅."后真相"时代的事实核查新闻:发展与局限[J].全球传媒学刊,2018,5(2).

[17]周炜乐,方师师.从新闻核查到核查新闻:事实核查的美国传统及在欧洲的嬗变[J].新闻记者,2017(4).

[18]曾庆香,姜秋俊.演进、争论与在地化:对新闻客观性原则的再认识[J].青年记者,2022(6).

[19]黄旦,孙藜.新闻客观性三题[J].新闻大学,2005(2).

[20]夏倩芳,王艳.从"客观性"到"透明性":新闻专业权威演进的历史与逻辑[J].南京社会科学,2016(7).

[21]郭小安,胡佳思.后真相研究的中外对比分析及反思[J].全球传媒学刊,2021,8(2).

[22]张华."后真相"时代的中国新闻业[J].新闻大学,2017(3).

[23]周睿鸣,刘于思.客观事实已经无效了吗?——"后真相"语境下事实查验的发展、效果与未来[J].新闻记者,2017(1).

[24]杨保军.当代中国新闻真实观的变迁、走向及内在规律[J].新闻大学,2022(1).

[25]杨保军.简论新闻的真相真实与假象真实[J].国际新闻界,2005(6).

[26]虞鑫.语境真相与单一真相:新闻真实论的哲学基础与概念分野[J].新闻记者,2018(8).

[27]张斯充.新闻真实:基于报刊的有机运动的思考[J].青年记者,2022(22).

［28］姜华.复杂真相与意义生成：论杂合体新闻业的新闻真实及其实现［J］.新闻界，2022(5).

［29］白红义，王嘉怡.数字时代新闻真实的消解与观念重构［J］.新闻与写作，2022(7).

［30］刘海明，付莎莎.技术的界碑：人工智能对新闻真实的伦理挑战［J］.现代传播(中国传媒大学学报)，2019，41(9).

［31］郭小安.公共舆论中的情绪、偏见及"聚合的奇迹"：从"后真相"概念说起［J］.国际新闻界，2019，41(1).

［32］肖珺，杨家懿.情感与真相："后真相"传播观念的文化转移［J］.新闻与写作，2021(8).

［33］杨保军.新媒介环境下新闻真实论视野中的几个新问题［J］.新闻记者，2014(10).

［34］斯蒂格利茨，宋华琳.自由、知情权和公共话语：透明化在公共生活中的作用［J］.环球法律评论，2002(3).

［35］宋超.公开与保密：政府信息公开立法的焦点［J］.安徽大学学报，2005(1).

［36］张群."事以密成，语以泄败"：论中国古代的保密思想与法制［J］.南京大学法律评论，2013(1).

［37］王锡锌.信息公开的制度实践及其外部环境：以政府信息公开的制度环境为视角的观察［J］.南开学报(哲学社会科学版)，2011(2).

［38］马怀德.政府信息公开制度的发展与完善［J］.中国行政管理，2018(5).

［39］方兴东，张笑容，胡怀亮.棱镜门事件与全球网络空间安全战略研究［J］.现代传播(中国传媒大学学报)，2014，36(1).

［40］郑保卫.关于信息公开的理论思考与实践意义［J］.国际新闻界，2003(5).

［41］尹萍.信息公开与法治政府：从"非典"到"禽流感"的启示［J］.河北法学，2004(11).

［42］方兴东，谷潇，徐忠良."信疫"(Infodemic)的根源、规律及治理对策：新技术背景下国际信息传播秩序的失控与重建［J］.新闻与写作，2020(6).

［43］余成峰.信息隐私权的宪法时刻规范基础与体系重构［J］.中外法学，2021，33(1).

［44］岳林.论隐私的社会生成机制：以习俗和法律关系为视角［J］.学术月刊，2019，51(6).

[45]劳东燕.“人脸识别第一案”判决的法理分析[J].环球法律评论,2022,44(1).

[46]周汉华.个人信息保护的法律定位[J].法商研究,2020,37(3).

[47]张新宝.从隐私到个人信息:利益再衡量的理论与制度安排[J].中国法学,2015(3).

[48]徐敬宏,张为杰,李玲.西方新闻传播学关于社交网络中隐私侵权问题的研究现状[J].国际新闻界,2014,36(10).

[49]范海潮.作为“流动的隐私”:现代隐私观念的转变及理念审视——兼议“公私二元”隐私观念的内部矛盾[J].新闻界,2019(8).

[50]展江.名人涉性与普通人涉性报道的媒体考量:媒体道德与伦理经典案例评析(七)[J].青年记者,2014(34).

[51]李欢,徐偲骕.隔“屏”有耳?——聊天记录“二次传播”的控制权边界研究[J].新闻记者,2020,451(9).

[52]高富平.个人信息保护:从个人控制到社会控制[J].法学研究,2018,40(3).

[53]陈力丹,刘宁洁.规范传媒的庭审报道[J].当代传播,2007(2).

[54]周海燕.重读刘涌案:公共领域视野中的司法与传媒之争[J].新闻大学,2006(4).

[55]侯大明.舆论监督与司法独立的关系[J].青年记者,2017(18).

[56]翁杨.新闻立法视域下的舆论审判及其规范原则研究[J].现代传播(中国传媒大学学报),2016,38(3).

[57]周泽.“媒体审判”、“舆论审判”检讨[J].中国青年政治学院学报,2005(3).

[58]慕明春.法治与理性的胜利:对“药家鑫案”的舆论影响考量[J].当代传播,2011(5).

[59]郑根成.对大众传媒道德审判的伦理反思[J].浙江大学学报(人文社会科学版)预印本,2009(5).

[60]孔洪刚.论媒体舆论介入司法审判的合理性与正面价值[J].新闻界,2012(9).

[61]丁大尉,李正风.开放获取知识共享模式的理论溯源——从知识公有主义到学术资本主义[J].自然辩证法研究,2021,37(6).

[62]曹晋,张楠华.新媒体、知识劳工与弹性的兴趣劳动——以字幕工作组为例[J].新闻与传播研究,2012,19(5).

[63]胡长云.中国古代无版权制度问题之探析[J].出版发行研究,2015,280(3).

[64]胡绮珍.中国字幕组与新自由主义的工作伦理[J].新闻学研究,2009(101).

[65]刘祥国,李正生.数字化时代中国版权制度面临的挑战[J].人民论坛,2010,302(26).

[66]刘忠博,郭雨丽,刘慧."掠夺性期刊"在学术共同体中的形成与省思[J].新闻与传播研究,2020,27(10).

[67]李正风.再论科学的规范结构[J].自然辩证法通讯,2006(5).

[68]吕明瑜.知识产权垄断呼唤反垄断法制度创新:知识经济视角下的分析[J].中国法学,2009(4).

[69]麦克切斯尼,福斯特,郭莲.互联网与资本主义(上)[J].国外理论动态,2012,433(3).

[70]韦景竹,李静静.信息伦理和版权制度的基本问题:关联、内涵和作用途径[J].情报资料工作,2013(2).

[71]徐枫.论宋代版权意识的形成和特征[J].南京大学学报(哲学·人文科学·社会科学版),1999(3).

[72]徐媛媛,王润奇.从盗版到付费:当代中国知识青年版权意识形成的"伦理路径"[J].中国青年研究,2021(4).

[73]杨文森.浅论中国古代的版权意识[J].兰台世界,2012(21).

[74]张斌.中国字幕组、数字知识劳(工)动与另类青年文化[J].中国青年研究,2017(3).

[75]张立,崔政,许为民.开放获取:科学公有主义的当代形塑[J].自然辩证法研究,2014,30(1).

[76]陈先红."关系生态说"的提出及其对公关理论的创新[J].当代传播,2004(3).

[77]陈先红,陈欧阳.公关如何影响新闻报道:2001-2010 年中国大陆报纸消息来源卷入度分析[J].现代传播,2012(12).

[78]陈先红,刘晓程.专业主义的同构:生态学视野下新闻与公关的职业关系分析[J].新闻大学 2013(2).

[79]胡百精.中国公共关系 30 年的理论建设与思想遗产[J].国际新闻界,2014,36(2).

[80]胡百精,杨奕.现代公共关系伦理史纲[J].现代传播,2013,35(1).

[81]冯丙奇.双重守门人之间复杂的共生关系:公共关系从业人员与媒体从业人员之间的关系分析[J].新闻与传播研究,2007(3).

[82]冯丙奇.论非正式媒体关系活动导致的媒体伦理失范现象[J].国际新闻界,2011,33(6).

[83]郭惠民.中国公共关系市场发展史概要[J].国际公关,2014(2).

[84]毛宇辉.中国公关行业未来发展趋势与国际化[J].国际公关,2014(3).

[85]张明新,陈先红,赖正能,陈霓.正在形成的"认知共同体":内地与台湾公共关系从业者职业认知比较研究[J].新闻与传播研究,2014,21(2).

[86]曹克亮.元宇宙:新数字劳动中的生活世界"殖民化"及其伦理审视[J].江汉论坛,2022(10).

[87]常江.规范重组:数字媒体环境下的新闻伦理体系建构[J].新闻记者,2019(8).

[88]成素梅.智能革命引发的伦理挑战与风险[J].道德与文明,2022(5).

[89]段鹏,李嘉琪.隐藏的价值观:平台媒体算法的伦理考量和权力关系[J].江西师范大学学报(哲学社会科学版),2019,52(5).

[90]董军,程昊.大数据时代个人的数字身份及其伦理问题[J].自然辩证法研究,2018,34(12).

[91]段伟文.人工智能时代的价值审度与伦理调适[J].中国人民大学学报,2017,31(6).

[92]耿晓梦,喻国明.智能媒体伦理建构的基点与行动路线图:技术现实、伦理框架与价值调适[J].现代传播(中国传媒大学学报),2020,42(1).

[93] 胡晓萌.温和的被遗忘权主张:基于权利的信息伦理视角[J].伦理学研究,2020(5).

[94] 蓝江.云秩序、物体间性和虚体:数字空间中的伦理秩序奠基[J].道德与文明,2022(6).

[95] 李鲤,余威健.平台"自我治理":算法内容审核的技术逻辑及其伦理规约[J].当代传播,2022,224(3).

[96] 刘明洋,王鸿坤.从"身体媒介"到"类身体媒介"的媒介伦理变迁[J].新闻记者,2019(5).

[97] 龙耘,吕山.AI时代媒介治理的伦理体系:内涵、特征及实践原则[J].现代出版,2021(4).

[98] 彭兰.假象、算法囚徒与权利让渡:数据与算法时代的新风险[J].西北师大学报(社会科学版),2018, 55(5).

[99] 孙萍."算法逻辑"下的数字劳动:一项对平台经济下外卖送餐员的研究[J].思想战线,2019,45(6).

[100] 汪金刚.数字劳动异化:表征、归因与伦理重构[J].青年记者,2022(12).

[101] 杨保军,杜辉.智能新闻:伦理风险·伦理主体·伦理原则[J].西北师大学报(社会科学版),2019,56(1).

[102] 喻国明,侯伟鹏,程雪梅."人机交互":重构新闻专业主义的法律问题与伦理逻辑[J].郑州大学学报(哲学社会科学版),2018,51(5).

[103] 喻国明.未来媒介的进化逻辑:"人的连接"的迭代、重组与升维:从"场景时代"到"元宇宙"再到"心世界"的未来[J].新闻界,2021(10).

[104] 张梦,陈昌凤.智媒研究综述:人工智能在新闻业中的应用及其伦理反思[J].全球传媒学刊,2021,8(1).

[105] 赵瑜.人工智能时代新闻伦理研究重点及其趋向[J].浙江大学学报(人文社会科学版),2019,49(2).

[106] 钟祥铭,方兴东.智能鸿沟:数字鸿沟范式转变[J].现代传播(中国传媒大学学报),2022,44(4).

[107] 周葆华.算法、可见性与注意力分配:智能时代舆论基础逻辑的历史转换[J].西南民族大学学报(人文社会科学版),2022,43(1).

[108] 周涛.数据的偏见[J].金融博览,2017(5).

[109] 孙少晶,陈昌凤,李世刚,等."算法推荐与人工智能"的发展与挑战[J].新闻大学, 2019(6).

[110] 张超."后台"前置:新闻透明性的兴起、争议及其"适度"标准[J].国际新闻界,2020,42(8).

[111] 杨保军.再论"人工智能新闻生产体"的主体性[J].新闻界,2021(8).

[112] 彭兰.算法社会的"囚徒"风险[J].全球传媒学刊,2021,8(1).

[113] 黄静茹,莫少群.算法监控的逻辑理路、伦理风险及治理路径[J].南京社会科学,2022(6).

[114] 师文,陈昌凤.信息个人化与作为传播者的智能实体:2020 年智能传播研究综述[J].新闻记者,2021(1).

[115] CHRISTIANS C G. Review essay: current trends in media ethics[J]. European journal of communication, 1995,10(4).

[116] JOHANNESEN R L. Communication ethics: centrality, trends, and controversies[J]. Communication yearbook,2001(25).

[117] SINGER J B. Contested autonomy: professional and popular claims on journalism norms[J]. Journalism studies,2007,8(1).

[118] WARREN S D,BRANDEIS L D. The right to privacy[J]. Harvard law review, 1890, 4(5).

[119] ZUBOFF S. Big other: surveillance capitalism and the prospects of an information civilization[J]. Journal of information technology, 2015, 30(1).

[120] BOYLE J. The second enclosure movement and the construction of the public domain[J].Law and contemporary problems, 2003,66.

[121] MATHEKA D M, NDERITU J, MUTONGA D, et al..Open access: academic publishing and its implications for knowledge equity in Kenya[J]. Globalization and health, 2014, 10(1).

[122] BI M, WANG Y, CAI Z, et al. A privacy-preserving mechanism based on local differential privacy in edge computing[J]. China communications, 2020, 17(9).

[123] NING H S, LIU H. Cyber-physical-social-thinking space based science and technology framework for the Internet of Things[J]. Science China (Information Sciences), 2015, 58(3).

[124] ORR W, DAVIS J L. Attributions of ethical responsibility by artificial intelligence practitioners[J]. Information, communication & society, 2020, 23(5).

后　记

《圣经·耶利米书》记载了这样一则故事。公元前6世纪,生活在古犹大国的以色列人道德沦丧、渎神悖理,"井怎样涌出水来,这城也照样涌出恶来"。受神意感召与差遣的先知耶利米苦口婆心地向族人劝善规过,并预言了耶路撒冷的毁灭,但人们置若罔闻,反而对耶利米极尽侮辱、拘禁和迫害之能事。最终,以色列人果然被异族征服,圣城陷落、圣殿圮毁,"这全地必然荒凉,令人惊骇,这些国民要服事巴比伦王七十年"。2500年后的20世纪,在第一次世界大战战事正殷的1917年,奥地利籍犹太裔作家茨威格"怀着对那个时代最强烈的抵触情绪"创作了反战悲剧《耶利米》。他希望在那个动荡不安、苦难频仍的时代通过谱写一曲颂扬伟大"失败者"命运的赞歌,以此警醒、鞭策世人寻找摆脱灾难的出路。然而,可悲的是,现代的所谓"文明人"同样辜负了这位"世界公民"的苦心孤诣,短短二十年后又发动了更加残酷、血腥的第二次世界大战,茨威格本人也在无望之中主动选择了弃世。

人类似乎总是无法从过往的惨痛经历中汲取教训,"后人哀之而不鉴之,亦使后人而复哀后人也"。但若换个角度,乐观地想:以色列人历经二千余年被驱逐、被残害、被屠杀乃至被种族灭绝的厄运,今天仍然屹立于世界民族之林;人类能在两次大战的一片废墟和焦土之上赓续文明,至今尚弦歌未辍。谁又能笃定耶利米、茨威格们的奔走呼号、"知不可为而为之"没有发挥一点儿作用呢?也许正如埃德蒙·伯克所言:"个人是愚蠢的。一群人不假思索而率然行事也是愚蠢的;但整个人类却是聪明的,而且若有时间进行思考,人类的行动就总是正确无误的"。

由此观之,一般被视为带有理想色彩和超越性质的伦理、道德、规范等价值要素,其实是人类生存须臾不可离的基本成分。用汉娜·阿伦特的话说,价值要素可谓人类生活的一种基本境况(the basic condition)。在阿伦特看来,与人的诞生性(即发动新事、创造奇迹的能力)和复数性(即作为一个与众不同、独一无二的存在者,活在同类之中)最密切相关的“积极生活”之“行动”(action),由于具有不可逆和不可预见的特征,将会导致人类事务内含的自由原则最终悖反似地陷入必然性的牢笼。而帮助人类摆脱这一困境的便是道德潜能,它是内在于行动的复原力和行动本身的解救之道。道德法则“直接产生于愿意以行动和言说的方式与他人一起生活的愿望”,从而使人类事务从必然性的牺牲处境中解脱出来,阻止了“人向着死亡的生命之旅不可避免地毁灭和破坏一切人性的东西”。上述分析不妨理解为对耶利米、茨威格事迹的哲学总结,使我们憬然有悟:他们的所作所为不正是寻找解救之道,挽狂澜于既倒、扶大厦之将倾,以拯救人从生到死的生命自由落体运动吗?

然而,仿佛越是对生存而言最重要的东西,无论物质层面的空气、水、阳光,还是精神层面的伦理、道德和规范,人们越容易熟视无睹,只有当这些必需品变得匮乏和稀缺以后,人们才逐渐意识到生存的逼仄和窒息。人类当下似乎就进入了这样一个时刻。很多人虽然说不清道不明、但却朦胧地感受到,无论个体的日常生活还是外在的社会环境都进入了一个剧烈的变动期,过去习以为常的生活轨迹和世界法则变得难以维系了,失控感、无力感和焦虑感遍布人们的生存体验,“这个世界怎么了”成为普遍之问。例如,最近美国经济学家保罗·克鲁格曼在《纽约时报》上发表了最后一篇专栏文章,他回顾自己25年的专栏写作史,觉察到人们从世纪初的乐观情绪转为当下的愤恨和失望,因而称这是一个“充满怨恨的时代”(age of resentment)。

对当代人这种生存体验的深层涵义,或许借助两个社会学概念——“本体性安全”(ontological security)和“存在性焦虑”(existential anxieties),能得到更充分地说明。根据吉登斯的定义,本体性安全是指“大多数人对其自我认同之连续性以及对他们行动的社会和物质环境之恒常性所具有的信心”。本体性安全与存在主义哲学所说的人的“在世存在”(Being-in-the-world)密切相关:它对一系列人类生活的基本存在性难题作出回答,确保人的“在世存在”呈现连贯性和稳固性,以抵御伴随无序而来的生存焦虑。用我们中国人熟悉的话说,本体性安全是一个人“安身立命”或“托身得所”之根本所系。本体性安全在日常生活的种种惯例基础上发展而来,具有可预见性的例行活动让人既对世界的连续性又对自我人格的连续性抱以信任感。无论出于何种原因,一旦持续再生产的例行化过程被打断,人们就会体验到强烈的“存在性焦虑”。“存在性焦虑”并非某种特定的风险或危险,例如身体抱恙、情绪压抑、物质短缺、治安恶化乃至战争冲突,而是一般化的生存状态。它没有确定的对象,呈现自由漂浮的状态,若本体性安全长期无法得到恢复和重建,便会使人失去存在下去的勇气(courage to be)。

根据上述社会学分析,如果可以对当今时代的症候下一个综合诊断的话,那就是人们的本体性安全出了问题(应该指出,这在漫长的人类历史中并不罕见)。孟子说:“城郭不完,兵甲不多,非国之灾也;田野不辟,货财不聚,非国之害也。上无礼,下无学,贼民兴,丧无日矣。”尽管从现代的观点来看,我们未必完全同意所有问题都可以归结为道德问题,但毋庸讳言,价值的缺位构成了本体性安全失落的重要一环,曾经支撑着我们持续“在世存在”的各种基本价值枢纽,如真实、自由、平等、正义乃至和平,由于各种原因被冲击得七零八落,人类社会仿佛进入了一个“价值稀缺的时代”。

在这个“价值稀缺的时代”,媒介扮演怎样的角色?它可以做些什么?又应该做些什么?这是本书的中心主旨所在。需要说明的是,这里谈论的“媒介”,着眼点不在具体的媒介产品,也不在个别的组织和机构,而是“作为一项社会制度”的媒介,即“媒介系统”(media system)。所谓社会制度,简单地说,是指一系列社会行动和实践的综合体,它们受到“同一套具有广泛目的和经年形成的公认的行为准则的正式或非正式管理”(丹尼斯·麦奎尔)。由“目的”“准则”“管理”的表述不难看出,规范要素和价值内涵是任何社会制度的必要组成部分。围绕媒介形成的制度同样包含与媒介实践相关的伦理和道德准则,它既反映了社会对媒介系统的期望、需求和压力,也体现了公众的一般价值观念和原则。

就媒介与社会的关系而言,一方面,媒介制度的理想与目标、权利与义务、功能与角色、责任与期待等规范要素会受到特定社会的文化哲学传统、政治经济制度、礼俗惯例等影响;另一方面,媒介在社会的道德生活和价值领域中也发挥着积极的作用,这从媒介是“社会良心”“公义化身”乃至“看门狗”“扒粪者”的通俗比喻中可见一斑。因此,关于媒介的伦理道德探讨和规范化研究在学术脉络中可谓源远流长,例如曾提出大众媒介“社会规范强制”功能的罗伯特·默顿就指出,所谓媒介社会文化理论,“主要考察媒介对社会思想政治生活的贡献,以及媒介在维持或改变规范、惯例和社会政治制度——或黑格尔所言之伦理(Sittlichkeit)——等方面发挥的作用”。

我们以为,在价值稀缺的时代重建本体性安全,媒介应该有所为,也可以有所为,但前提首先取决于媒介自身的价值表现。从这个角度而言,近来饱受争议的新闻专业是否“值得”选择的问题,或许——用马克思的话说——“不是一个理论的问题,而是一个实践的问题”。作为媒介制度一分子的新闻教育和研究,单就价值维度来判断,如果它的价值含量高于社会的一般水平,那就不失为一个“有价值”

的专业和学科,但如果其价值含量尚不及社会的一般水平,不仅无助于捍卫道德标准,反而败坏之、腐蚀之,则其被抛弃就是一件可以理解的事情。而“值”与“不值”之间,端赖以此为业者自己的抉择了。

以上结合时代命题对本书的问题意识和撰写初衷做了大致说明,下面再就写作思路略申一二。

正如前引伯克的话,对于德性和智性都存在着根深蒂固的局限性的人类而言,唯有思考才是正确行动的前提。尤其是伦理和道德问题作为一种“实践知识”(亚里士多德称之为“实践的逻各斯”),最好的探究方法就是开展反思、对话和辩难,这也是伦理学奠基人之一、古希腊哲学家苏格拉底谈话法(dialectic)的真谛。黑格尔概括道:“他这样做,是为了唤醒人们的思想,在人们的信心动摇之后,他就引导人们去怀疑他们的前提,而他们也就被推动自己去寻求肯定的答案。……强词夺理,自以为是,理屈词穷时打断话题,用开玩笑或抛开不管的方法逃避问题,——这些方式在这里都是不允许的……他想用这个方法唤醒人们的见识、羞耻、意识,使人们知道我们以为是真的东西并不是真的,相反地却是动摇的。由此便发生了认真努力求知的要求。这就是苏格拉底的作风的主要方面。”苏格拉底坚持将“德性”与“求知”关联起来的方法,对形形色色的“恐思症”(thinking phobia)而言无疑是一剂良药。如果说“未经检视的人生不值得拥有”,那么未经思考就贸然遵奉的伦理规范,要么流于伪善,要么沦为具文,不仅无法起到构筑价值信仰的作用,有时还会成为降低道德水准的因素。

进一步言之,伦理反思的责任不能委诸他人,而只能由每个伦理主体自己做出。关于这一点,20世纪初美国新闻界“扒粪运动”的首倡者和主阵地《麦克卢尔杂志》(*McClure's Magazine*)社论中的一段话堪称掷地有声:“没有什么是可以依靠的;我们只能靠我们自己。……我们忘记了我们都是人民;我们忘记了当群体里的每个人把今天的账单推给他人时,债务只是被延期了;我们忘记了他人会把债务推还给我们。最终我们每个人都必须付账,而我们最终还的总债就是我们的自由。”《大学》中则说:“自天子以至于庶人,壹是皆以修身为本。”看来,伦理反思和实践绝非社会上少数人的权利,毋宁说是每个社会成员的责任。在这一点上,真可谓“东海西海,心理攸同”了。

秉持上述理念,本书的目的并不在于给出有关媒介伦理问题的一套规范守则或现成答案,而且对于实现开放、多元、良性的社会治理目标而言,统一的媒介伦理标准是否可能或可欲都是值得怀疑的。与此相反,本书强调媒介伦理问题的复杂性、争议性乃至两难性,致力于呈现某一特定媒介伦理问题存在的差异化、多样化主张和观点，它们各自建立在怎样的道德立场和价值原则上，又是如何通过伦理推理和论证来自我证明的，在正当化过程中有何优势和盲区。这样做的最终目的是希望读者养成伦理反思的习惯和能力，并在此基础上形成自己的媒介价值观。

本书共计十二章，分为媒介伦理的基础、议题和前沿三个部分。“基础编”三章，从伦理学这门古老学问的基础出发，聚焦应用伦理学的一个分支——媒介伦理，再结合数字时代媒介伦理问题的研究框架，力图展示从一般伦理到媒介伦理再到数字媒介伦理的递嬗关系。“议题编”遴选了七个媒介伦理议题：规范理论与媒介体制、客观公正与事实真相、保守秘密与信息公开、隐私信息与公共利益、媒介审判与司法独立、版权保护与开放共享、公关伦理与媒介组织。之所以选择这些议题，是因为它们在性质上既重大且基本，在时间上既经典又常新，在空间上兼具普遍性和本土性。这些议题虽然远不足以涵盖媒介伦理的各个方面，但通过以它们为例，可以呈现媒介伦理反思的具体展开过程。伴随信息传播技术的迭代及其社会应用，传统的媒介伦理裂变出数字伦理、算法伦理、智能伦理等方兴未艾的新领域，极大地扩展了媒介伦理的规模和范围，也不断推动媒介伦理自身在内涵、视角和范式上的更新。“前沿编”以自媒体和人工智能两种新型实践为对象，观照新涌现出的前沿性媒介伦理现象和问题。

本书的写作契机源于中国传媒大学传播研究院硕士研究生的专业课程。自2012年起，我们面向传播理论与历史方向的研究生开设了“媒介伦理研究”（后更名为“传播伦理研究”）必修课。十余年来，一届又一届的硕士生和部分博士生修习此课，他们的倾听和讨论丰富了课程的内容，因此本书实际上是一个集体研究的成果。如今，我们决定将这些内容整理出版，为此于2023年春组建了一支撰写团队，成员名单及具体分工如下：龙耘和李唯梁拟定编写大纲、章节设置以及撰写体例，并执笔第一章、第二章和后记；牟浩杰（2022级硕士生）执笔第四章、第六章、第七章；倪侃（2022级硕士生）执笔第三章部分内容和第八章；苏映潭（2022级硕士生）执笔第三章部分内容和第九章；葛帆（2021级硕士生）执笔第五章；陈培婵（2014级博士生）执笔第十章；范明献（2008级博士生）执笔第十一章；王雪倩（2020级博士生）、王方辰（2021级博士生）和江晓婷（2021级硕士生）执笔第十二章。团队组建之后，曾多次召开线上和线下编写组会议，统一思路、讨论初稿、协调进度，大家同心协力、团结一致，保证了编写工作的顺利进行。初稿完成后，最终由龙耘和李唯梁负责统稿、修改、校对。感谢所有的合作者，我们共同完成了这部基于教学和师生互动的作品。书中不当及疏漏之处，盖由作者负责，也恳请各路方家、读者不吝赐教。

最后，衷心感谢中国传媒大学出版社张毓强社长、赵均总编辑和责任编辑黄松毅女士，正是得益于他/她们的大力支持和辛勤付出，本书才得以顺利面世，这种可贵的专业精神和态度令人起敬与铭记。

作 者

2025 年 1 月

图书在版编目(CIP)数据

媒介伦理导论:基础、议题与前沿/龙耘,李唯梁等著.--北京:中国传媒大学出版社,2024.12.

ISBN 978-7-5657-3864-7

Ⅰ. G206.2-05

中国国家版本馆 CIP 数据核字第 2024TZ5086 号

媒介伦理导论:基础、议题与前沿

MEIJIE LUNLI DAOLUN:JICHU、YITI YU QIANYAN

著　　者 龙　耘　李唯梁 等

责任编辑 黄松毅

特约编辑 李　婷

责任印制 李志鹏

封面设计 拓美设计

出版发行 中国传媒大学出版社

社　　址 北京市朝阳区定福庄东街 1 号　　**邮　　编** 100024

电　　话 86-10-65450528　65450532　　**传　　真** 65779405

网　　址 http://cucp.cuc.edu.cn

经　　销 全国新华书店

印　　刷 三河市东方印刷有限公司

开　　本 787mm×1092mm　1/16

印　　张 12

字　　数 222 千字

版　　次 2024 年 12 月第 1 版

印　　次 2024 年 12 月第 1 次印刷

书　　号 ISBN 978-7-5657-3864-7/G · 3864　　**定　　价** 49.80 元

本社法律顾问:北京嘉润律师事务所　郭建平